从0到6000
南方号的力量

谢思佳◎主编　　南方号运营中心◎联合出品

南方日报出版社
NANFANG DAILY PRESS
中国·广州

图书在版编目（CIP）数据

从 0 到 6000 ：南方号的力量 / 谢思佳主编. — 广州 ：南方日报出版社，2021.10

ISBN 978-7-5491-2438-1

Ⅰ. ①从… Ⅱ. ①谢… Ⅲ. ①电子政务—研究—广东 Ⅳ. ①D676.5-39

中国版本图书馆 CIP 数据核字（2021）第 211405 号

CONG LING DAO LIUQIAN

从 0 到 6000 ：南方号的力量

主　　编：谢思佳
出版发行：南方日报出版社
地　　址：广州市广州大道中 289 号
出 版 人：周山丹
责任编辑：巫殷昕
装帧设计：肖晓文
责任技编：王　兰
责任校对：肖　颖
经　　销：全国新华书店
印　　刷：广州市新怡印务股份有限公司
开　　本：889mm×1194mm　1/32
印　　张：5.5　　插页：0.375
字　　数：120 千字
版　　次：2021 年 10 月第 1 版
印　　次：2021 年 10 月第 1 次印刷
定　　价：38.00 元

投稿热线：（020）87360640　　读者热线：（020）87363865

南方号发展

1000 **2000** **3000** **4000**

2016年10月23日

南方号平台正式上线，首批上线120多个政务机构南方号。可在南方+客户端上查看、订阅南方号。

2016年12月

推出南方号交流营，组织邀请各级政务机构新媒体编辑开展主题研讨、交流学习。

2017年3月

南方号融媒体内容管理平台上线，实现自主发布、管理内容、数据查看等功能。发布南方号月度影响力排行榜，探索数字化运营路径。

1000

2017年4月

全面启动南方号入驻计划，推动全省各级政务机构集体入驻南方号。

2000

2017年9月

南方号上线智能推荐，升级融媒体内容管理平台，实现与微信公号文章双向互通。

3000

2018年1月

举办第一届广东政务新媒体创新发展论坛暨南方号运营者大会。

4000

2018年4月

南方号频道全新改版，增加人气榜、热文榜等互动模块。

2018年
10月

南方号推出矩阵功能，精准聚合各领域系统的资讯，形成开放生产常态化运营。

5000

2019年
1月

举办第二届广东政务新媒体创新发展论坛暨南方号运营者大会。

2019年
4月

南方号融媒体平台互动升级，上线私信、奖励金一键到钱包等功能。

2019年
7月

举办“我们的湾区大文章”南方号新媒体爆款大赛。

6000

2019年
12月

推出南方号首发计划。

2020年
1月

举办第三届广东政务新媒体创新发展论坛暨南方号运营者大会。

2020年
5月

南方号融媒体管理后台上线同题作文、短视频发布等功能。

2020年
10月

举办南方+合作伙伴大会，发布南方号战“疫”力量榜单，表扬相关单位。

2021年
1月

面向全省各级南方号开展年度奖项线上征集。

2021年
4月

开展多场“智媒工坊”南方号交流培训；推出问答产品；举办“我们的小康生活”新媒体爆款大赛。

2021年
7月

推出成长计划，建立健康向上的南方号运营生态。

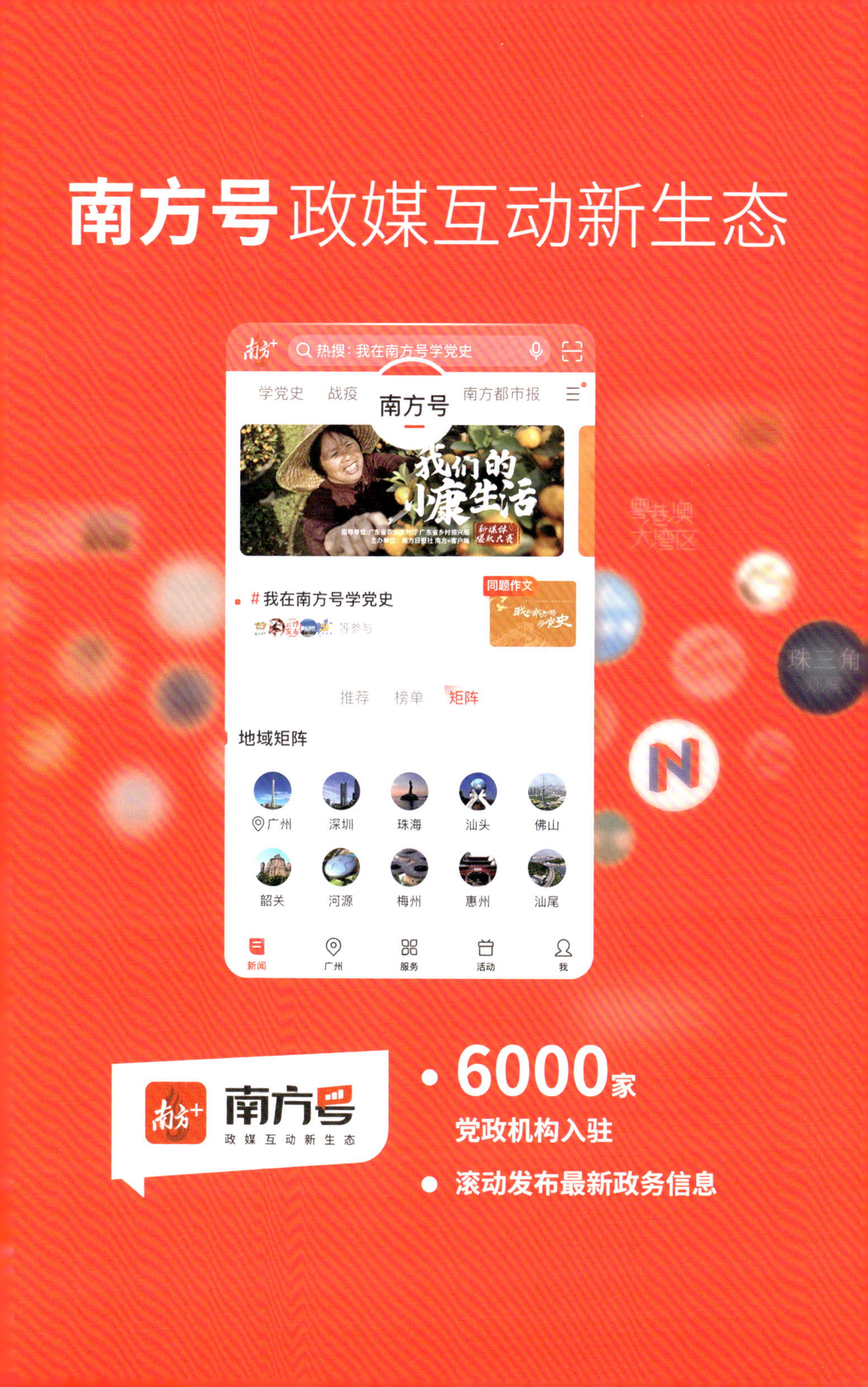
南方号 政媒互动新生态
南方+
热搜：我在南方号学党史
学党史
战疫
南方号
南方都市报
我们的小康生活
新媒体爆款大赛
同题作文
我在南方号学党史
等参与
推荐
榜单
矩阵
地域矩阵
广州
深圳
珠海
汕头
佛山
韶关
河源
梅州
惠州
汕尾
新闻
广州
服务
活动
我
粤港澳大湾区
珠三角
南方+
南方号
政 媒 互 动 新 生 态
6000家
党政机构入驻
滚动发布最新政务信息

月均稿件
6.6万条

月均阅读量
8300万

广东发布
深化改革当先锋，
共建共享幸福广东。

广东政法
讲述全省政法好故事，
弘扬法治正能量。

广东公安
讲好警察故事，
发好公安声音。

省高级人民法院
传播法治精神，弘扬法治正气，
凝聚法治力量，推动法治进步。

广东教育
教育资讯扩容提质，
教育专题凝聚共识，
教育服务指尖便民。

广东检察
推进广东检务公开，
全面展现广东法治
建设新局面。

广东税务
打造权威发布平台、
高效办税平台。

广东市场监管
发布重要信息，
宣传政策法规，
提供政务服务。

中国广州发布 深圳发布 东莞发布 中山发布 惠州发布 肇庆发布 南部空军

南方号排行榜系列

南方号影响力排行榜

南方号热文排行榜

广东政法矩阵
影响力排行榜

原创栏目

广东今选

新青年

发现广东好货

新媒体爆款大赛

我们的小康生活

政务信息、政策解读、舆情回应……

首选"南方⁺南方号"平台

扫码订阅南方号官方发布平台

“政媒互动生态建设和客户端开放生产机制探索”课题

课题组 / 编委会

组长 / 主编：谢思佳

特 邀 编 委：谢苗枫　郑佳欣　纪　蓓　卢　轶

编委会成员：代　羽　张梦圆　吕晓雁

古嘉莹　吴　枫　龚　玲

蒲思伊　陈诗琳　李啸啸

本课题为广东省青年文化英才资助项目

目　录
CONTENTS

前言

南方号是融媒体平台

□谢思佳

南方号平台，具有面向现代化、面向世界、面向未来的社会主义文化特征，是党媒在建设新型主流媒体“拼杀”之路上，增强“四个意识”、坚定“四个自信”、做到“两个维护”的具体实践。从实际功能看，南方号平台已经成为观察粤港澳大湾区的重要信息枢纽，促进广东政企媒学研、党群干群、线上线下联动聚合的内生动力和策动平台，是名副其实的融媒体生态。

为什么要有南方号？因为，这是一场任务极端紧迫而艰巨的数字基础设施大建设。

南方号平台是依托新型主流媒体南方+客户端打造的一个融媒体生态圈。2015年10月23日，南方报业传媒集团正式上线南方+客户端，逐步将其打造为广东省委官方客户端、国内独具特色的新型主流媒体。2016年，南方+建设一周年之际，宣布推出南方号平台，聚焦广东全域党务政务资源，迎来首批机构新媒体的集体入驻。

五年来，建成了覆盖全省21个地级以上市、五级行政、22个垂直领域、共计6000多个政（党）务机构的立体网络，完成了“新闻+政务服务”融媒流程支撑再造，形成了“议题共振+内容创新+技术赋能+服务精准+传播协同”政媒互动新生态。

南方号平台的诞生和壮大，既是主流党媒转型升级中对优质权威内容渴求的必然选择，也是广东各级政府在推进政务公开、数据开放中顺应互联网传播规律的主动作为，更是各级党委深入践行网络群众路线、筑牢执政基础中不谋而合的政治担当。

从其他层面看，南方号平台的诞生和壮大，也是顶层设计和基层实践互动作用、螺旋向上发展的运动过程。五年来，中央先后出台推进媒体深度融合的文件，成为南方号平台不断校准自身方向路径的最好指引。

南方号做了什么？南方号平台出身“战国”，前有微信公众号、头条号，后有人民号、澎湃政务号。回答“南方号做了什么”，其实是回答“南方号不去做什么”。相比以微信公众号为代表的自媒体聚合平台，南方号平台从话语体系、组织架构、产品形态上都走出了独具风格的路径，同时兼具互为借鉴的开放姿态。

话语体系方面，南方号平台致力于全面改造适应移动互联的表达方式，但是仍然一颗红心：坚持中国道路、弘扬中国精神、凝聚中国力量，构建充分体现“四个自信”的话语体系，打通政治话语和传播话语。坚持时度效的统一，推出“南方号首发计划”；提高议题设置能力，推出月度“同题作文”和年度“新媒体主题爆款大赛”；提升舆论引导能力，推出基于党媒算法的影响力排行榜、热文榜。

组织架构方面，南方号平台立足打造政媒互动新生态，兼顾覆盖广东机构和广东用户，搭建“新闻+政务服务”的重要支撑（“新闻+商务”由南方+客户端的“直播广东”平台拓展功能，依托机构南方号集成），6000多个入驻机构，基本覆盖广东全域绝大部分的党务政务资源。2020年以来，逐步清退具有盈利目的的商业机构号，并探索引进网络名人个人号、专业媒体号入驻试点工作（加上后者，根据2021年8月南方⁺客户端公布的官方数据，南方号平台机构入驻数量超7000，6000多个机构号仍是主体）。这种鲜明的组织取向，目的就是在互联网上更主动、专注，把有限的人才、流量、技术定向投放，打通党内党外，进而推动更紧密的干群联系与互动；同时，打通线上线下，通过网格化、矩阵化，实现场景化运营。

产品形态方面，南方号平台践行网络群众路线，坚持人民群众共建共享，围绕传播规律和传播链条先后布局了一系列产品类型，包括权威发布、新闻直播、辟谣科普、政策解读、投票点赞、跟帖评论、选树典型等，孵化了“青春高考季”“党建南方号”“南方报业小记者”“发现广东好货”等矩阵产品线。

因此，南方号平台这种政媒互动新生态，很好地诠释了“线上全媒体、线下多场景”这一媒体深度融合的模型。

怎么做到的？这是本书第二大部分、也就是书的主体部分着重说明的问题。本书选择了南方号平台五年发展历程中的经典案例，邀请当事人（南方号运营人员）分享心得体会，试图“解剖麻雀式”地回顾南方号平台发展的方法论。

第一招是入驻。网格化、矩阵化、场景化。2016年南方号平台宣布上线，用了两年时间完成网格化布局。第一阶段，主要省直单位和市县镇三级发布的入驻，完成了垂直领域和省市县镇四级的网格化建构。第二阶段，2017—2019年，21个地级以上市和省直重点领域牵头的矩阵入驻，织密填充了网格，正式启动了矩阵运营与专业记者的互动，出现了同题作文、首发号等产品线。2019年以来的三年，南方号平台出现场景化运营特征，针对重点话题，形成了河长矩阵、“粤港澳大湾区爆款大赛”、“我在南方号学党史”等品牌，甚至出现了“广东公安厅局长信箱”“阳光招考”等明显带有线上线下互动场景的功能矩阵。从网格化到矩阵化，再到场景化，从行政体系的架构转为面对用户专注功能的生态，具备了融媒体平台的组织融合特征。

第二招是赋能。依托其所在机构的专业能力，着力于导向能力、传播能力、服务能力的全面提升。南方号平台的运营团队，归根到底都是产品经理，他们的产品就是南方号平台，他们工作的最终目的就是，掌握机构南方号运营人员的各项需求、任务、压力、困难，提炼为产品功能，转化为每个月一次的平台迭代计划，通过平台的功能提升为入驻平台机构赋能。平台的赋能覆盖了议题设置、产品创新、抵达反馈、把关共管、版权共享、专业共建、分发推广、队伍培训、数据分析。在这里，政务机构、主流媒体、网民用户共建共享、共荣共长，形成了广东特色的数字文明，具备了融媒体平台的政媒互动特征。

第三招是定义。在机器算法横行的那几年，南方号坚持推出“南方号影响力排行榜”，发布自主研发的南方号指数。根据各南方号的发布量、浏览量、订阅数、分享数等数据，并综合考虑文章的议题、原创、首发、创新数等指标，对机构号和作品进行排名，实质是一种党媒算法。中国式融媒体，不是博眼球、讨好用户、没有底线的机器算法，而是一种有高度、有态度、有温度、有力度的“党媒算法”。南方⁺根据这个算法锁定“尖子生”，把长尾变爆款，“上首页”“上头图”“上弹窗”“进专题”，扶持流量。作为年度奖项评选参考依据，赋予直播、栏目合作的优先权，优先体验平台新产品新功能等，甚至鼓励机构将这些原创作品，通过自身在其他主流媒体和各大商业平台上的账号进行全网分发。强调“党媒算法”与提高传播力并不矛盾，根据与暨南大学新闻与传播学院合作的联合课题显示，南方号质量过关、导向正确的上榜作品在商业平台上的传播力表现同样不俗，具备了融媒体平台的意识形态与鲜明导向。

南方号平台还可以干什么？完成了内容聚合到内容共建之后，拥有6000个入驻机构的南方号平台，也面临着新的挑战和机遇，比如生态系统自净、内容品质提升、创造更多价值、触发用户反馈……未来，唯有坚定政治方向，强化责任担当，继续解决实际问题。

打造融媒生态圈是一个关键词。正如本文开头所述，南方号平台是名副其实的省级融媒体生态圈，已经具备了纵向联通中央与地方、横向联通各大系统领域的网格功能，如何营造一个正能量满满、和平、繁荣、开放、绿色、创新、文明的生态圈共同体，依托主流媒体平台推动区域媒体融合共荣乃至共赢，考验的是平台运营者的担当和智慧。

文化安全与政治安全是一个关键词。“打江山”的同时，还要守牢阵地，更好地服务党和国家工作大局，更好地满足人民群众的宣传文化需求，更好地增强党、国家、民族的凝聚力、向心力。2021年9月，国家互联网信息办公室发布《关于进一步压实网站平台信息内容管理主体责任的意见》，就是网络空间治理方面的一个重要信号。有了过往五年的行之有效的发展路径，南方号平台有这份自信和底气行稳致远。

贴近性与服务性是一个关键词。坚持以人民为中心的建设导向，坚持走网络群众路线，始终专注于提高联接的效果，用办号的真心换取用户的“民心”，把平台的触角转换为获取民意的“天线”，真正做到采编流程再造要求的“抵达”与“反馈”两个环节。

最后要特别说明一点，本课题从2019年启动，历时两年多，经历了南方+客户端快速发展的重要阶段。南方号运营中心的小伙伴、南方号“号主”以及参与南方号运营的南方报业各个部门单位的骨干都参与了研究、贡献了智慧，更多朋友为本课题的完成了提供了重要支持，在此我要对他们表示感谢。部分稿件作者发生了岗位变更，本书中署名备注的身份均保留了作者当时提交文章时的职务，便于更加直观了解课题的脉络，所有课题组成员和文章作者的身份可能与出版发行之日不一致，敬请谅解。

2021年8月

[作者谢思佳系南方报业传媒集团（南方日报社）编委、南方+客户端副总裁]

南方号：平台化时代 新型主流媒体内容生产逻辑再造

□郑佳欣　代羽　吴枫

智能手机的普及加速了移动互联网适配于各类场景的网络行为，内容的社交化生产及传播成为必然趋势。当前，已进入“平台社会”时代。其典型特征是，平台凭借其强大的技术、庞大用户群、海量数据与超级连接能力，成为公共信息与服务的中介枢纽。商业互联网平台凭借长期积累的用户、数据和算法优势，逐渐占据了传播内容生产和分发的主要管道，打破了原有传播格局，给主流媒体的传播力带来较大的挑战。

顺应移动互联网技术和媒介生态的发展，我国主流媒体加速了媒体融合步伐。2020年，中共中央办公厅、国务院办公厅出台《关于加快推进媒体深度融合发展的意见》，“做大做强网络平台”“尽快建成一批具有强大影响力和竞争力的新型主流媒体”。建设新型主流媒体，推动传统媒体与新兴媒体融合发展的主要趋势就是要建设生态级媒体平台。学者认为，新型主流媒体建设不是以商业互联网平台为转型目标，两者是完全不同的媒体类型。商业平台在开放中努力获取规模化和多元化的资源，以普适的服务来成就自己的商业价值；新型主流媒体平台是价值媒介，要成就自己的社会价值、文化价值和政治价值，其方向仍是平台化，从面向C端（用户端）的内容生产者和传播者转变为服务B端（企业端），为内容生产提供支持、价值服务和指导的新型社会整合者，通过内容服务实现关系资源整合和价值引领。

在媒体平台化时代，传统媒体适应传播的移动化、社交化、智能化趋势，需要探索建立自身的平台逻辑、产品体系及运营流程，重构主流媒体的内容生态。当前，全国31家省级党报先后上线移动新闻客户端，北京日报、上观新闻、浙江新闻、新福建、南方Plus等13个党报新闻客户端以入驻号形式聚合信息内容，在新闻生成形式上探索PGC（专业生成内容）和UGC（用户生成内容）之间的协同平衡。

南方号是依托南方⁺客户端重点打造的权威新媒体内容分发平台，是业内首个专注于权威信源的新型主流媒体平台，聚合党政机关政务新媒体资源，构建起“新闻+党务政务+服务”内容生产传播与党媒服务体系。历时近5年的开拓和深耕，依托教育、政法、医疗等22个垂直领域，广东省超6000个机构入驻南方号平台，实现省直、地市、区县政务机构全覆盖，并进一步向企业、学校、文化团体延伸，为南方⁺客户端带来源源不断的新闻内容，推动形成适应媒体深融发展的组织结构与生产机制，也逐渐探索出“内容创新+技术赋能+运营协同”的平台化时代新型主流媒体内容生产新逻辑和价值创新新方式。

内容创新：以用户思维推动全方位开放生产

新媒体的内容生产只有更好地把握“用户思维”理念，才能保证“用户黏性”，赢得受众市场。作为南方⁺客户端内容开放生产的“试验田”，南方号平台强化以用户思维为引导，推动全方位开放生产，特别是结合南方⁺客户端用户的特点，在权威发布、精品栏目等方面精准发力。目前，南方号平台开放生产的内容约占南方⁺客户端内容总量的60%以上，2020年南方号平台全年总发稿量超80万篇，总阅读量达11亿人次。

权威首发常态化运营

南方号自2019年9月上线“首发计划”以来，推动各地各级党政机关首选在南方号平台发布政务资讯、应急消息、政策解读以及舆情回应。首发内容在优先推荐、精准传播、创新表达、版权保护、互动支持等多方面获得南方号平台的运营助力。

通过近两年的运营，广东检察、省高级人民法院、广东公安、广东疾控、顺德警察、珠海交警等南方号通过首发计划投稿超过600篇，有效引导优质内容生产方向。例如，2021年5月21日，广州报告1例新冠肺炎本土确诊病例，与疫情、疫苗、核酸检测的相关信息铺天盖地而来，各种谣言也接踵而至。多个入驻机构选择在南方号平台首发权威信息，广州荔湾发布南方号第一时间发布《广州市荔湾区疫情防控最新情况》《广州市荔湾区关于开展全区全员核酸检测工作的通告》等信息，起到了稳定民心、引导舆论的效果。南方号平台也依托政务机构的开放生产，持续更新权威发布、疫苗接种通知、辟谣信息以及展现医务工作者的专题稿件，让用户第一时间全方位了解疫情信息。

矩阵开放化生产

南方号横向协同南方日报21个地市记者站，纵向协同政法、教育、文旅等22个垂直系统，策划“同题作文”，以此为基础赋能矩阵化运营生产，并尝试在横向和纵向协同中探索出体现南方号平台价值的一体化运营路径。围绕“警察节”“新春走基层”等主题宣传节点，策划一系列同题作文，发动323家政务机构投稿699篇，阅读量超百万。其中，2021年5月，南方号紧密结合当前工作重点，推出“我为群众办实事”精选专题，聚合全省7000个政务机构号，聚焦群众反映集中的共性需求，记录广东21地市现阶段突出的民生实事，重点反映与群众生活息息相关的防疫、教育、就业、社保、医疗、环境、治安、文明城市、乡村振兴等民生实事。

栏目品牌化创新

南方号平台在内容栏目上保持微创新能力，孵化出了多个精品栏目，共同形成品牌力量。其中，发现广东好货、岐黄日历、反诈联盟等栏目跨部门、跨业务单元多方对接，实现网上网下、内宣外宣的联动；粤见非遗等栏目聚焦岭南文化，讲好广东故事；每日一典栏目激活法院系统的腰部号，探索南方号纵深延展的可能性。例如，在“3·15”消费者权益日，南方号平台推动广东省消委会入驻，打造“维权直通车线索征集平台”，面向用户开放征集线索，省消委会统一回复及受理，重点投诉由记者跟进报道。

技术赋能：以产品思维带动内容生态的重构

移动化意味着包括产品形式和产品结构在内的媒体产品的系统性升级，以及支持它们的产品思维等各方面的升级。南方+客户端自主研发了南方号融媒体内容管理平台（简称“融媒平台”），打通入驻账号的内容生产全链路，实时监测内容传播路径及全网流量数据，构建技术主导的政媒互动新生态。

搭建工具化平台

融媒平台是入驻机构与南方+客户端内容协同生产运营平台。平台为每一个南方号提供图文、视频、音频、H5等多形态内容产品发布管理功能，还提供文章及账号阅读数、订阅数等数据统计。

依托融媒平台，南方号与入驻机构实现了双向促进的良性循环。入驻机构通过南方号融媒平台提供的工具，可以参与同题作文、首发计划和领取奖励，还可以应用素材库、其他平台内容导入等辅助生产功能。而且，南方号融媒平台提升了入驻机构的活跃度，南方$^{+}$客户端通过融媒平台对入驻号的精细化运营服务和智慧支撑，实时监测入驻号的健康度、活跃度及互动度等成长体系关键指标，建立健康有序、积极向上的运营生态。

探索数据化运营

南方号加强个性化信息聚焦，并通过党媒算法推荐，实现南方$^{+}$客户端千人千面的应用场景。平台不断摸索数字化运营的方法和路径。2020年初战“疫”时刻，1937个南方号发布稿件10万余篇，总流量1.88亿。南方号将常规月榜升级为“南方号战‘疫’指数”排行榜，受到社会各界广泛关注。

目前，南方号平台具备月榜、地市榜、矩阵榜、话题榜、专项榜等数字化运营产品库，并加快数据运营平台开发及运行，榜单数据产品生产智能化，效率和准确性大幅提升。榜单数据价值挖掘、分析报告、品牌宣传成为南方号产品升级的重要环节。

打造垂直类产品

由于算法分发技术的普遍使用，网络传播生态中的“信息茧房”和信息碎片化传播等现象逐渐凸显。党媒党端从报道思维转向产品思维，不断探索内容深加工和信息有效触达的方式聚合流量和服务公众。南方号平台依托技术赋能，在教育等垂直类领域进行深耕。

以南方号重点打造的"阳光招考掌上平台"为例，该产品在资源上打通南方日报和南方网的教育团队，在组织结构与生产机制方面创新协同运营机制。该平台吸引了包含中山大学、浙江大学等省内外知名高校在内的188所本科（专科）院校参与，超过10万人次的考生（家长）在南方+客户端上通过南方号的互动功能进行了近百万次咨询互动。

协同运营：以平台思维全链条运作

平台的技术逻辑和功能优势是资源和关系的汇聚与整合。推动媒体深度融合不能用传统思维做加法，而是要用"平台思维"做乘法，即通过平台整合资源，形成不同要素之间的互动，最终实现价值倍增效应。南方号平台通过深入分析每一个入驻机构潜在内容生产及运营能力，以培训交流、新媒体爆款大赛、年度评选为平台运营节点，追踪账号的成长轨迹，打造各矩阵头部号，带动尾部号、腰部号的向上生长，探索"强关联、强支撑、强服务"全链条运作模式。

智媒工坊提升生产力

7000个南方号紧密连接着超15000名新媒体运营者。它们作为用户运营，是全链条运作中的核心要素。结合广东各地市政务新媒体培训要求，南方号开展"智媒工坊"培训活动，探索建立"新闻+政务服务+商务"的一体化运营模式推进网络舆论主阵地建设。

在线上，围绕首发计划、成长计划、新功能上线、同题作文等运营板块，南方号策划推出"百万+爆款如何生产""年度最佳运营者都做了什么"等线上课堂产品，为新媒体运营人才赋能，激发他们的创作潜能。

在线下，南方号平台开展"智媒工坊"赋能计划，由资深记者编辑和运营人员组成培训讲师团，直接与南方号运营者面对面交流培训，讲授平台爆款内容的生产“秘诀”，有效提升各地南方号的生产能力。

爆款大赛激发创新力

新闻产品区别于传统的新闻作品，是传统的新闻生产和报道思维向产品化思维转变的产物，长图、条漫、动画、音视频、H5等形式极大丰富了新媒体内容的创作与传播。在媒体深融的平台化建设进程中，党媒党端围绕重大主题宣传的策划创意为平台运营赋能，凝聚线上线下最大思想同心圆，弘扬主旋律。

近两年，南方号平台策划了“我们的湾区大文章”“我们的小康生活”等新媒体爆款大赛，深度激发了政务新媒体产品化生产的创新活力。通过发动征集、网络投票、专业评委评审等环节，新媒体爆款大赛带动上千家广东政务机构创作优质产品，让正能量和主旋律应用场景更立体、多元、丰富，提升了传播的广度、深度、宽度。

年度奖项提高竞争力

年度奖项申报评选是南方号全链条运作的又一个重要节点，有效提升入驻机构运营者与平台的联系与黏性。每一年的奖项结果都能精准触发同级政务机构之间的“比学赶超”，实现腰部账号和尾部账号的潜能激发和长尾运营，也通过横向和纵深的紧密连接和良性竞争，让以南方号为基础的广东政务新媒体传播生态更具生命力。

2020年度南方号优化评选流程，将启动时间提早至正值政务机构年终总结之际的2021年1月下旬。仅线上申报平台开放第一天就收到了超百份申报材料，最终评审出传播力奖（垂直系统、地市、区县）、新锐奖、政务公开奖、民生服务奖及年度最佳运营者等奖项。结合评选结果，南方号平台搭建“每个人都了不起”专题，形成多平台联动、一呼百应的传播态势，南方号年度奖项评选也由此扩大了圈层传播效果。

结语

媒体平台化带来网络空间场域的开放和互动，重构了内容生产逻辑、传播形式、社会影响力的信息生态，对党媒党端的主流价值引导力、传播力提出更高要求。同时，党媒党端的政治价值属性和内容生产优势，通过技术赋能、平台化运营和内容创新，在争夺内容创新和价值引领的互联网发展的“下半场”中发挥核心竞争力。

党媒党端要依托内容生产与资源优势，通过技术赋能实现推动向产品思维、数据化运营转变，带动内容生态重构，通过“内容创新+技术赋能+运营协同”的内容生产新逻辑，不断提高党媒党端的价值创造力、引领力、影响力，积极探索实践平台化时代新型主流媒体建设主力军、主渠道、主阵地的路径和方法论。

（发表于《传媒》2021年第16期，作者郑佳欣系南方⁺客户端首席内容官，代羽系南方⁺客户端南方号运营中心南方号运营总监，吴枫系南方⁺客户端南方号运营中心产品经理）

第一章
政媒互动新生态

一、自营号

2016年10月21日，南方+客户端正式推出广东权威新媒体内容分发平台——南方号。南方号旨在聚合全省具有权威发布职能的政务新媒体和机构新媒体资源，为用户打造一个“最懂广东”的新媒体平台。与其他自媒体聚合平台不同，南方号平台专注于聚合全省政务新媒体和机构新媒体资源，筛选信息、去伪存真，致力于把真实可信、高质实用的信息精准有效地分发给目标受众，向用户传递一个真实全面的广东。与此同时，以自营南方号的形式，引入南方日报的骨干记者成为“专栏”号主，在南方号平台上成为舆论引导和内容创新的主力军，后逐步扩大面向整个集团采编团队。

为深入贯彻落实习近平总书记关于党的新闻舆论的系列重要讲话和重要指示批示精神，南方报业传媒集团于2016年10月启动南方名记者培育工程，在全国率先提出培育“主流网红”，已遴选培养了5批名记者培育对象，成立南方名记者工作室。各领域骨干记者在一线深耕教育、医疗、经济、汽车等专业领域，建立大局观，开拓大视野，翔实解读领域内各条信息，生产酷炫前沿的新媒体爆款产品，丰富了自营南方号的形式和内容。

截至2021年8月，南方报业集团自营南方号已超过460个。每一个号背后都依托着一个名记者，或一个骨干记者团队。2020年，自营南方号发稿近14万篇，阅读量超4亿4000万。“广东健康头条”第一时间速递广东权威健康新闻，“粤港澳大湾区”分“深调研”“生活圈”“新商机”三个栏目讲述大湾区故事，“每日一膳”做用户身边的食疗养生专家，“一面”做有温度的人物报道，“岐黄海踪”搭建中医药文化国际交流平台，“世象”用影像记录世间万象……

以南方号为纽带，南方报业传媒集团作为主流媒体的专业传播能力和政务机构的权威发布资源正在移动互联网生态中得到有效整合，“自营南方号”与“入驻机构号”一同守好意识形态安全，唱响主旋律，激扬正能量。

“粤港澳大湾区”：打造大湾区信息中枢

□吴哲

2017年“七一”香港回归30周年之际，“粤港澳大湾区”南方号正式上线，以《划重点！国家发改委首次披露粤港澳大湾区六项重点工作》等系列独家稿件迅速打响知名度。此后，“粤港澳大湾区”深耕粤港澳三地，持续推进“深调研”，寻找更多新商机，共筑优质生活圈，关注领域不断拓展，并上线南方⁺粤港澳大湾区频道，成为粤港澳大湾区权威信息中枢。

截至2021年上半年，南方⁺粤港澳大湾区频道发稿约1.5万篇，阅读数超过1.4亿。其中“粤港澳大湾区”南方号共发稿687篇，阅读数606万，居南方⁺客户端自营号前列。

聚焦“深调研”，不断升级迭代

上线之后，“粤港澳大湾区”就发力“深调研”，发挥南方日报粤港澳大湾区工作室的强大团队优势，围绕大湾区话题进行深入调研，呈现最全面、最透彻、最清晰的大湾区观察和思考。连续推出世界三大湾区篇、全球金融中心篇、港澳篇、广东篇等系列深调研，以独家报道或首发内容为主打，涵盖视频、直播、动图、可视化、闪卡、深度报道等多种产品形态。

2018年7月1日，《深化粤港澳合作　推进大湾区建设框架协议》

签署一周年之际，“粤港澳大湾区”南方号启动新一轮改版升级，下设“文章”“深调研”“生活圈”“新商机”四个栏目，多栏目精彩呈现，资讯类别进一步细分，品牌栏目更加突出。后又新增了“向上突围”“走进大湾区”“联系我们”等抽屉导航菜单，不断丰富南方号的功能和服务。

近两年，又推出了“大湾区·大项目”——广东新产业布局系列观察、“知识产权护航创新发展”深调研、“大湾区大未来”等重点策划，为广东推进粤港澳大湾区建设提供了来自党媒智库的决策参考。

深化媒体融合，创新政策解读

2019年2月18日，在中共中央、国务院印发《粤港澳大湾区发展规划纲要》的重要时刻，“粤港澳大湾区”南方号以“牢记嘱托　湾区追梦”为主题，推出“六个一组”（一组深度阐释解读文章、一组专访报道、一组评论员文章、一组反响报道、一组新媒体产品、一组全国两会配合报道）全媒体策划报道，通过数据新闻、动图、视频、漫画等形式，直观呈现大湾区建设的各方面成效。

其中，在大湾区南方号首发的《动图｜〈粤港澳大湾区发展规划纲要〉这些重点，你真的get到了吗？》《H5｜测一测！你是符合哪种城市气质的人？》《世界级湾区漫画简史｜3分钟读懂粤港澳大湾区》《你想知道的粤港澳大湾区秘密，我们给你画出来了！》等新媒体产品得到中央及省有关部门高度认可，被中国政府网、国家发展改革委的官方微信号转载。

同年7月5日，广东省出台贯彻落实规划纲要的实施意见和《广东省推进粤港澳大湾区建设三年行动计划（2018—2020年）》之际，

“粤港澳大湾区”南方号又以重点通讯、一图读懂、微海报等策划，深入总结广东推进粤港澳大湾区建设的成效。其间，再次推出五篇“世界级湾区深调研·日本行思录”，引发多方关注。

可以说，在粤港澳大湾区建设的每一个重要节点，大湾区南方号均以浓墨重彩的全媒体报道，全方位展现大湾区建设成效和广东作为，多次得到中宣部、省宣阅评表扬。

矩阵运营推动开放生产，内外宣兼顾讲好湾区故事

2019年2月，以“粤港澳大湾区”南方号为主阵地，由广东省大湾区办、南方报业联合主办的南方⁺粤港澳大湾区频道上线，集合与大湾区相关的优势资源，打造广东省粤港澳大湾区移动资讯门户。上线单月流量就突破600万，年均频道流量达5000万。

2019年5月，由广东省网信办和省大湾区办担任指导单位的“我们的湾区大文章”南方号新媒体爆款大赛活动举行。70多个南方号参赛并提交了近百件作品，涵盖了视频、H5、图集、手绘长图以及爆款推文等多种新媒体传播形态。获奖作品的颁奖仪式在广东推进粤港澳大湾区高质量发展论坛上进行。

2020年，聚焦广东以重大项目加快补齐发展短板、加码稳投资对冲疫情影响等系列战略举措，大湾区南方号推出“大湾区·大项目”——广东新产业布局系列观察，从5G、水利、高铁、石化、海上风电等领域入手，走进重大工程建设现场，深入透视重大项目建设背后的发展新布局。

应对国际和港澳新形势，大湾区南方号还发力外宣，推出“港青嗨湾区”系列报道，讲述香港青年扎根大湾区努力奋斗，开拓人生新

天地的真实故事。这些视频产品不仅全部用粤语录制，还同步制作繁体和英文字幕，“港味”十足，并同步在Facebook（脸书）、Twitter（推特）等境外社交平台上发布，产生了广泛影响。为更好满足港澳青年的政策查询需求，还通过技术赋能，以H5形式搭建一站式政策查询互动产品《大湾区大富翁》，成为港澳青年的创业必备手册。

通过连续多年深耕大湾区的不懈努力，南方+“粤港澳大湾区”南方号、粤港澳大湾区频道已成为广东省大湾区资讯发布权威平台。

2021年8月

（作者吴哲系南方日报经济新闻部主任助理）

“阅政观”：打造广东“侠客岛”

□胡良光　骆骁骅

近些年来，随着信息技术的快速更迭，传播平台不断升级裂变；然而，在海量的内容池当中，高门槛、高品质的时政报道依然是稀缺性产品。

“阅政观”南方号是南方日报、南方+客户端重点运营的时政类全媒体平台，旨在创新时政报道内容与形态，拓展时政报道蓝海，以“专业化解读+互联网表达+融媒体传播”为组合拳，打造广东“侠客岛”，在万物皆媒时代更好地弘扬主旋律，激发正能量。

自2020年改版上线以来，“阅政观”平台搭建了“四梁八柱”，孵化了“阅政观”“粤政一周”“政见”“阅政快评”等产品线，初步打出了品牌，涌现出不少精品内容。

当好产品经理，构建用户画像

何为阅政观？顾名思义，即通过敏锐、深入地“阅读”时政动向，科普知识，拆解时局，提供有料有用的观点。

在平台定位上，“阅政观”坚持正确政治方向，发挥党媒政治优势，立足全球全国视野，贴近广东实际，提供原创、专业的时政内容产品，力求做足政味、观察味、网味，全力打造广东政治观察第一号，力争挤进国内政治观察公号第一方阵，形成读懂广东、理解中国的权威品牌。

在目标用户上，“阅政观”突出高举高打，重点面向高影响力、高学历、高消费力的人群，特别是以党政企事业单位人员、研究者、时政内容爱好者、大学生群体等为主体的关键人群。

在产品门类上，平台已经形成数条清晰产品线，主攻三大板块。

——“阅政观”以流行网文的手法，围绕党委政府中心工作、国内外政治经济热点话题进行独家解读。分为全省大事要事解局系列，聚焦全省重要会议、重要节点、重大政治事件解读；地市政局观察，紧盯地市主官政务动向趋势，总结提炼共性规律特点。

——“粤政一周”以精美的制图设计，以“看点”梳理提炼一周大事要闻，从一周关键词、数读、政经、人事、监察等层次精心梳理呈现广东一周时政动态，已固定形成稳定输出，形成拳头产品。

——“政见”主要通过盯住国内外政治经济要闻设置关键话题，邀约或采访国内外专家大咖，分享独特观点，敢于在敌我斗争重大事态前沿亮剑，做到热点政治事件不缺位。

在具体运营上，形成了“稳定固定写手+专业轮值运营团队+各专业条块相互支撑+开放生产”的联动机制，追求精准高效运营。

当好研究专员，突出专业深度

“阅政观”一手抓大事要事，一手抓热点话题，生产出一批品相好、流量高、转发广泛的新媒体产品，掀起了一股内容冲击波。

在疫情发生后，基于深刻把握、领悟中央和广东省委、省政府部署安排，我们策划了一系列内容，精准设置议题，对广东疫情防控政策举措进行条分缕析，传播好主流声音。例如，2020年1月29日推出的《“战‘疫’”中的广东发布》，敏锐捕捉到在这场疫情防控阻击战中，广东正在省级层面建立新闻例行发布的常态化机制。2月11日发布的《湖北，广东已把全身最硬的鳞都给你了》，用丰富的案例故事，淋漓尽致地表达了广东支援湖北战“疫”的力度、精神与情怀，仅端内流量就接近50万。此外，依托“政见”子栏目，“阅政观”还推出了全球战“疫”观察系列网文，专访郑永年等大咖，深度分析美国、新加坡、印度、俄罗斯等国的战“疫”情况。

2021年3月，广东省委、省政府同日公布3份支持珠海、汕头、湛江发展的重磅文件，这是为数不多在省层面专项支持某一地市的区域发展政策，做好文件解读对于贯彻落实省委工作部署至关重要。“阅政观”着重发挥专业记者贴近中心工作的独特优势，准确抓住三份文件中均提及的建立“特事特办”机制这一最大共性特征与政策优惠入手，对三个地市在广东新时代发展和对区域发展的功能定位作出清晰深入的界定，详细阐释解读其中特殊的制度安排和推动效应，并对其中含金量高、撬动效应强的具体措施条分缕析，将其中的关键元素通过一篇通俗易懂的网文讲深讲透，在全省及相关地市广泛转发扩散，成为基层干部群众理解文件的可靠指南。

全国两会，如何创造性地解读好国家中心工作和两会热点？2020年，“阅政观”找准小切口，拿出了“12道风味”。我们聚焦疫情防控常态化、“六稳”“六保”、科技创新、脱贫攻坚等关键话题，推出了《这份40年来最短的政府工作报告，把它放在“C位”》《留得青山赢未来，广东如何“有料到”？》《硅谷背后站着华尔街，广东呢？》等12篇网文，内容顶天立地，读来令人解渴。2021年，“阅政观”创造性开设“观两会”系列，打通省两会、全国两会内容创作，推动两会观察分析栏目化、品牌化，精准优化选题，围绕议程看点、代表委员新面孔、各类报告核心干货、全国两会广东元素、三八妇女节等特殊节点等，找准议政重心与读者关注的结合点，立足在前线一线的独家信息与观察，披露不为人知的内幕，形成有料、独特的视角，信息量大，传播广泛。

在紧扣中心工作的同时，“阅政观”不忘紧跟社会热点，讲出门道。面对外患重压，华为悄然启动“南泥湾”项目，同时着手布局几枚关键棋子。“阅政观”注意到这一动向后，及时推出了《应对外患，华为最近下了哪几步棋？》一文，取得了热烈反响。

当好包装“大师”，提升传播能力

人靠衣装，美靠靓装。优质的内容，如果有华丽的包装加持，传播力自然更上一层楼。阅政观平台充分汲取互联网表达和可视化传播的养分，打造强传播力产品。

文字风格方面，“阅政观”一改传统时政内容的“严肃面孔”，积极转换话语方式，既做到逻辑严谨，表述准确，又力求清新明快，网味浓厚，引人共鸣。

除了“粤政一周”这一梳理性的可视化内容产品，“阅政观”持续综合运用视频、制图、制表等多元形态增强传播力。譬如，在2020年全国人大会议广东代表团住地现场，记者敏锐地察觉到部委通过手机视频连线这一崭新方式旁听代表发言，分别生产了Vlog视频、图片等多样化内容，实现了“一鱼多吃”。

2020年11月／2021年8月（政）

（作者胡良光系南方日报时政新闻部国际传播工作室主任，骆骁骅系南方日报时政新闻部政治工作室主任）

“广东健康头条”战“疫”记

□李秀婷

“广东健康头条”是南方号第一批开通的自营号，2016年10月上线，前身为“南方名医帮”，2018年6月更名为“广东健康头条”。

从上线之初，“广东健康头条”就立足于垂直领域，打造广东卫生健康领域主流权威发布平台，推出了大批首发、独家报道及践行“四力”的精品力作。上线至今，“广东健康头条”共发稿4400篇，阅读量超1.25亿，位列自营南方号第一，订阅总数21.4万，居自营南方号前列。

自新冠肺炎疫情暴发后，“广东健康头条”积极主动参与抗疫，积极做好战时发布、科普答疑、一线报道及相关创新策划，成为一支抗疫舆论场上的“轻骑兵”。

开展权威战时发布，深入一线记录历史

从2020年至今的新冠肺炎疫情防控阻击战中，“广东健康头条”南方号成为权威疫情信息、抗疫决策部署发布的主流平台阵地。

在疫情发展过程中，每日疫情动态和防疫政策的变化是社会最关注的两种官方信息。“广东健康头条”安排专人负责跟进政策动态及通报更新，确保疫情通报和权威动态及时推送。

每天早上打开南方+客户端，等待“广东健康头条”推送最新权威疫情信息，已经成为疫情中广东民众的日常习惯。

疫情以来，广东召开100多场省级疫情防控新闻发布会，除了视频直播，“广东健康头条”在每场发布会均及时推出图文视频快讯，实现场场权威首发，将党和政府的抗疫权威声音及时传达到千家万户。

自广东首场疫情新闻发布会开始，“广东健康头条”就首创推出大字海报，简明扼要传达发布会要点，直观醒目，往往在朋友圈“刷屏”，起到良好的传播效果。这一做法带动全城媒体效仿，逐渐成为发布会“标配”。

疫情中，“广东健康头条”还成为抗疫一线报道的主发布平台。有点有面、深度鲜活地记录历史。2020年除夕夜，广东医疗队紧急集结出征武汉。“广东健康头条”推出图文滚动现场直播，从医务人员集结到医疗队抵达武汉，全程跟进报道记录历史，引发极高的关注度，创下了超2184万的端内流量纪录。

2021年5月下旬，广州本地暴发“德尔塔”变异毒株引发的本地新冠疫情。“广东健康头条”派出记者深入高风险区，连夜蹲守，推出《新生命带来新希望》图文视频报道，用温情的笔触和细腻的镜头记录高危产妇诞下双胞胎的过程。报道视频在广州公交车上轮播，为众多冷静客观的新闻报道增添了一点暖色。

通过打出“快”招，“广东健康头条”在疫情期间做到权威信息首发快发、全面准确，成为群众获得疫情权威信息最主要和可信赖的来源；而将疫情防控过程中真实发生的、最具有新闻价值的人和事第一时间挖掘出来，以具有温度的文字传达出来，通过鲜活的报道抚慰人心，推动了媒体社会价值的实现。

针对公众关切及时回应，科普释疑

面对新冠病毒这一未知且善于变异的陌生对手，相关科普信息成为公众最稀缺、最需要的资源。如果权威信息不能及时传达，就会被谣言占领舆论场。

在乱云飞渡中，“广东健康头条”主动承担起科普及辟谣职能，传达权威专业的科普知识给老百姓，消除谣言，增强民众抗疫信心。

在战“疫”期间，“广东健康头条”推出大量专家访谈，针对群众最为关心的热点话题，包括疫情进展、病毒特点、医疗救治、防护提醒、疑问解答等，及时解渴。在2020年1月19日，广东通报首例新冠肺炎病例当天，“广东健康头条”就推出详细的科普文章《新型冠状病毒肺炎怎么防，记住这六点！》，端内获得了135万阅读量。

在2020年2月，广东收治的新冠肺炎病例进入高峰期时，“广东健康头条”采访蔡卫平、李粤平、邓西龙等十多位权威医疗救治及公共卫生专家，就公众关注话题进行详细解读。其中，《传染病专家蔡卫平详解救治策略：目前最安全有效的办法是氧疗》《广东ICU专家公布治疗经验：重症多因缺氧引起》均获得10万+阅读。

2021年，在广东正面迎战“德尔塔”突变株引发的新冠本地疫情时，“广东健康头条”通过采访本地权威专家，对病毒的传播特性、防控措施的选取、疫情发展的形势、疫苗接种的作用、病例的救治情况、封闭封控区的防疫建议等公众关心的热点话题进行科学解答。

以2021年6月9日推出的《荔湾白鹤洞6日内新增感染30例，封闭管理为何还会有新病例？》为例。当时广州荔湾区的白鹤洞街道已被列为高风险地区，实施封闭管理措施后，当地仍陆续报告新发感染者，网络出现疑问“居民足不出户，感染从何而来”。通过专家解读和理性分析，该文及时回应社会关切，消除了因信息不对称造成的不必要恐慌，让谣言与误传无处遁形。

广东首次在疫情中创新使用黄码制度，黄码上线首日便引发舆论热议，广大群众对黄码存在诸多疑问。对此，“广东健康头条”独家采访省疫情防控指挥办、省市卫健委、省市政数局等部门，迅速发布答疑文章《粤康码为何变“黄”了？怎么恢复“绿码”？权威官方回应来了！》，主动填补官方信息空缺，解答群众的疑惑，端内阅读超95万。

围绕重大话题积极开展舆论引导

正确及时的舆论报道是新冠肺炎疫情防控的一部分。在战“疫”中，“广东健康头条”主动介入舆论，设置议题，运用热点解读、述评等形式，在抗疫关键节点发声，引导人民群众理性看待疫情议题，采取正确的防疫措施，毫不松懈直至取得抗疫最后胜利。

例如，在今年的广州“5•21”新冠肺炎疫情中，根据疫情发展形势，“广东健康头条”连续推出述评文章，对疫情开展深入的分析观察，先后提出“这次疫情不同于前6次”“防控升级不等于疫情升级”“零增长不等于零风险”等观点，及时理清疫情关键节点和应对举措，强调正视疫情问题、从严应对的科学防控态度。

在此次疫情中后期，通过“一个月、两种毒株、三场硬仗”的议题设置，结合国家工作组接见媒体时的肯定评价，“广东健康头条”迅速推出《广东正面迎战新冠Delta变异株　留下这些宝贵经验》等多篇稿件，在社会引发强烈反响。

此外，围绕疫情及公共卫生建设相关重大议题，“广东健康头条”还策划开展深调研报道。2020年6月，在全国公共卫生体系补短板加速的大背景下，记者紧扣省委、省政府中心工作，选取广东2020年公共服务领域补短板项目中7个有代表性的建设项目，进行实地一线走访。“广东健康头条”推出“广东公卫‘补短板’”系列报道，展现广东补短板建设的积极谋划与切实行动，通过“解剖麻雀”展现广东的医卫建设图景，进一步提出问题、展现行动，凝聚起补短板建设的向心力量。

2021年8月

（作者李秀婷系南方日报时政新闻部科卫工作室副主任）

二、首发号

政务新媒体是移动互联网时代党和政府联系群众、服务群众、凝聚群众的重要渠道，是加快转变政府职能、建设服务型政府的重要手段，是引导网上舆论、构建清朗网络空间的重要阵地，是探索社会治理新模式、提高社会治理能力的重要途径。

南方+客户端作为广东省委、省政府权威信息发布平台，通过南方号平台聚合党政机关政务新媒体资源，构建起“新闻+党务政务+服务”内容生产传播与党媒服务体系。在此背景下，南方号平台在2019年9月面向全省省级推出“首发计划”，在入驻机构号中培育了一批“首发号”，进一步推动广东网络主流舆论宣传阵地建设，在移动互联网上更及时、更充分、更广泛地传播党和政府的声音，满足广大网民对优质政务信息的需求，逐步构筑起广东移动互联网的政媒互动新生态。这是提高政务新媒体核心竞争力的关键，也是吸引政务新媒体用户持续关注的关键。

经过近3年的孵化和扶持，“省高级人民法院”“广东检察”“广东天气”等一批优质的首发号“崭露头角”。在首发计划孵化机制的作用下，他们第一时间把与大众生活息息相关的政策解读、应急消息、舆情回应及重大案件宣判等信息传递给用户，做到“快人一步，高人一筹”，实现政务信息广泛智能分发。

打造官宣品牌，奏响法治强音

□广东省高级人民法院新媒体工作室

“省高级人民法院”（简称“省高院”）南方号作为广东省高级人民法院的官方发布平台，注重通过权威发布打造粤法传播主阵地，推出走心精品传递公平正义正能量，让更多人在这里读懂新时代的广东法院。截至2020年8月，共发布资讯3200余条，获南方+首页推荐521次，总阅读量168万，热文榜70余篇，2019年“省高级人民法院”南方号获广东政务新媒体最具影响力奖。

首发权威消息

“省高院”南方号以加快推进媒体融合发展为契机，因地制宜建立以“权威首发”“精品策划”“原创作品”为核心指标的管理体系，以打造法院“官宣”品牌为目标，不断提升平台传播力、引导力、影响力、公信力。依托南方+首发机制，及时回应社会关切，凝聚法治正能量。疫情防控期间，与南方+密切通联，建立提前报题、一手发布、首页推荐、全端推送的媒体互动渠道，权威首发《关于依法严厉打击新型冠状病毒感染的肺炎疫情防控期间刑事犯罪的通告》等涉疫情通告、意见、典型案例等15次，为疫情防控工作提供司法服务保障。围绕扫黑除恶专项斗争工作，首发中央督办、省督办等重大涉黑恶案件判决结果。2019年至2021年8月共首发涉黑恶案件判决结果38次，上热文榜8次。其中，谢英达等44人重大涉黑案二审宣判后，全网首发《开设赌场、倒卖土地，“村霸”三兄弟最高获刑25年》，获南方⁺全端推送，当天登上全网热文榜第二位，阅读量创新高达8万人次。

制作“走心”精品

“省高院”南方号紧贴社会热点、百姓焦点，积极参与南方⁺策划的“我和我的祖国”“我们的湾区大文章”等新媒体爆款大赛，“战‘疫’她力量”“走向我们的小康生活”等同题作文，灵活运用图文、漫画、H5、短视频、MV（音乐短片）等形式，制作符合南方号传播规律、可读性强、读者喜闻乐见的原创作品。针对疫情防控、高空抛物、家暴、网络暴力等热门话题，及时推出微视频《并肩》、漫画《从日产10万到6000万，广东为什么行？》、海报《今天，一起点亮南粤绿水青山》、图文《看了宇芽家暴事件，法官忍不住发声了……》等各类原创文章50余篇，上南方⁺热文榜22次。同时，构建三级法院新媒体矩阵，打通自上而下议题设置、自下而上好作品推优的通联渠道，充分调动各地法院新媒体多出好稿件、好案例、好作品的积极性。2019年，编发下级法院资讯数量占全年发布量80%，大量基层法院优秀作品涌现，如清远连南法院短视频《大山深处法槌响》、深圳龙岗法院图文《小玲玲“安家记”：孩子，请快乐幸福地成长！》等获南方⁺首页推荐。

打造普法“e平台”

“省高院”南方号紧密结合审判执行工作，落实“谁执法谁普法”责任制，推出“扫黑除恶专项斗争”“南粤执行风暴”“服务保障民营经济”“裁判者说”等普法专栏，立足司法实践，以案说法，让人民群众感受讲得清、看得见、听得明的公平正义。其中，“裁判者说”栏目发布普法案例105期，获2017年广东互联网政务论坛“政务传播创新奖”、2017—2018年度全省“谁执法谁普法”十大创新创先项目。结合疫情期间审判工作推出《科技助力，他们“强势营业”！》《您的调解员，一直在线！》，结合根治欠薪冬季专项行动推出《暖暖暖暖暖暖暖暖暖暖！》《人设崩塌？曝光“老赖”的N种方式！》《花式惩罚，你怕了吗？！》，结合涉民生普法热点推出《加装电梯起纠纷怎么破？法官来支招！》《冷空气都到了，你的快递到了吗？》《不听，不信，不转账！》等，为读者献上形式多样、内容丰富、干货满满的“普法大餐”，2019年至2020年8月，共32篇文章被南方⁺推荐登上《南方日报》版面，实现了报网端跨平台引流，拓宽了普法作品的传播力度和广度。

2020年11月

南方+天气，“首”护你的冷暖

□黄玉明

“广东天气”南方号是广东省气象局移动互联网官方服务窗口，始终秉持“你的冷暖，在我心中”“你若安好，便是晴天”的气象服务理念，力争用及时、贴心、愉悦的气象服务产品为公众守护冷暖，用心打造有温度、有影响力的政务窗口形象。

我们的首发之路

2019年11月，南方号推出首发计划，“广东天气”有幸成为“首发”服务的体验官。那时，随着广东汛期的结束，台风也默默让出天气剧场的C位，最让公众关注的天气主角必然是冷空气，求降温盼穿秋装已成为广东公众的共同心愿。就在人们翘首以盼之际，11月中旬一股“有诚意”的冷空气南下影响广东，一夜入冬，夏装换冬装不再是梦想。我们决定火速发布天气消息，就冷空气的天气背景、可能造成的影响程度和范围、公众关注的热点、生活方面提醒等内容进行了讨论和确定。在组稿的过程中，我们提前向南方号运营团队解读冷空气过程的影响，共同商讨如何扩大服务范围，以便更多的公众提前获知天气变化，及早做好防寒准备。南方号运营团队了解情况后，迅速响应，积极调动渠道资源，指导“广东天气”成功运用“首发”新功能，获得优先审核通过权限，快速发布天气稿件。文章“首发”后，在南方+App进行了全端推送，推荐首页及其他页卡，让最新天气信息迅速得到了广泛覆盖和有效传播，把权威的天气预报实实在在地送到了公众的手里。

Double权威

常言道："造谣的动动嘴，辟谣的跑断脚。""广东天气"有不少"跑断脚""磨破嘴"的心累历程。天气与人们的生活、生产息息相关，如2016年的寒潮天气就因为关注度高，在往后的几年中常常被反复利用、多次传播，导致不少公众信以为真，大大影响公众对气象服务的满意度和信任度。于是，气象部门除了及时发布天气预报、预警以外，还须通过权威渠道使权威天气信息"跑赢"谣言，遏止谣言，及时回应公众关切的热点问题，把真实情况告知老百姓，做出合理的防御措施。此时，得益于南方+和南方号平台的特点和属性，权威部门强强联合，使正确信息跑得更快、更广，更加深入人心。

探索多样化合作

"广东天气"作为首批入驻南方号平台的官方发布账号，更注重加强与南方号的深度合作，双方多次就天气预警、推送权限、专题页面等方面进行业务发展探讨和交流。过去几年，我们在重大气象灾害、气象服务活动中策划了多个大型直播活动，如2018年"广东'守粤待竹——直击超强台风山竹'"、2020年全国防灾减灾日"台风防御　人人相关　敬畏自然　珍惜生命——联合网络直播""3•23世界气象日"，与南方号运营团队敲定直播计划，团队专人指导及跟进，从设计直播宣传海报、搭建直播间、直播前预热宣传到直播期间技术支撑等各个环节都得到了全力支持和配合，为"广东天气"重大气象服务提供了有力保障。

南方⁺天气，不仅切合了“广东天气”对天气消息快速传播的迫切需求，使“广东天气”在多次重大天气过程中频频“刷脸”，收获了大量公众的认可，同时也反哺了南方号在新媒体渠道的影响力。通过紧密合作，进一步深挖“+”的作用，是“广东天气”南方号的必行之路，我们将一如既往坚守大家的冷暖，不断提升气象服务的影响力和满意度！

2020年11月

（作者黄玉明系广东省气象公共服务中心公众服务部副部长）

三、南方号矩阵

“矩阵”原本是一个数学概念，南方号平台在运营探索中，引入“矩阵”概念，按照账号的分类分级，构建起一个个具备同质属性的阵列，虚拟化地将这些账号在运营过程中，以某一些链条串联起来，使得他们具备关联，形成矩阵。比如政法矩阵，由公检法司等机构组成；教育矩阵，由各类高校、中小学、教育机构组成；健康矩阵，由各类大中型医院、卫生健康医疗机构组成。

随着不停地改革与创新，政务新媒体也逐渐建成了具备整体协同、响应迅速、共同发声的矩阵体系。多元化的运营模式也持续推动政务新媒体平台不断矩阵式联动，最终形成更好的传播效应，达到更好的宣传目的。同时，矩阵也通过自身的协同效应，孵化出一个个优质的精品政务新媒体账号。优质的账号聚合在矩阵内，也势必能让政务新媒体的传播效果产生1+1＞2的效果。这让南方号矩阵“线上全媒体、线下多场景”的大合唱具备了基本的实现条件。

2019年以来，南方号平台加快实施矩阵运营战略，每一次集体入驻便加设一个矩阵分类，清晰地呈现入驻单位。伴随产品迭代，矩阵主管理、矩阵多栏目扩展、矩阵联动化运营等模块接连被开发使用，为矩阵成员提供更多的工具，逐渐开启了矩阵化运营。

唱响河长好声音，推动社会齐治水
——“广东河长”南方号矩阵建设运营探析

□谢庆裕

全面推行河长制，是以习近平同志为核心的党中央部署的一项重要改革任务，是落实绿色发展理念，推进生态文明建设的内在要求。广东省委、省政府主要领导亲任省第一总河长、省总河长，牵头督办广东污染最重的茅洲河、练江治理，高位推动河长制工作。

2018年起，南方日报围绕中心、服务大局，在《南方日报》及南方+客户端分别开设《广东河长》栏目及南方号。两年多以来，以“广东河长”南方号为龙头搭建的全省河长（办）南方号矩阵不断壮大完善，聚集各地治水力量，同频共振，共同唱响广东河长好声音。截至2020年8月，“广东河长”南方号矩阵已入驻各级河长南方号近80个，发布文章逾1000篇，总阅读数超2000万，总订阅数逾60万。该项工作成效多次被省级河长、省河长办肯定。《广东河长》栏目及南方号矩阵通过立体传播有效推动水污染防治的实践，获得2018年一季度中宣部阅评表扬。

内容生产实现两个覆盖
——全省21个地级以上市全覆盖、省市县镇村5级覆盖

2018年来，南方日报以“广东河长”南方号为龙头，逐步搭建壮大河长南方号矩阵，为各地河长（办）提供政务新媒体权威发布、内

容开放生产的平台，推动实现政府与公众常态性互动，创新助推社会治理体系和治理能力现代化，实现了主流媒体及政务新媒体传播力及影响力的双提升。

2018年3月22日第二十六届“世界水日”期间，在省河长制办公室及南方报业传媒集团领导的见证下，全省21个地级以上市和13个省级示范县（市、区）的河长（办）正式集体入驻南方号。2021年5月，潮州市各级河长（办）集体入驻南方号，成为全省第一个实现市、县、镇、村四级河长集体入驻南方号的地市。同时，入驻当天首次邀请到市级河长带队，与超过400名“河小二”志愿者一同巡河、护河。截至目前，潮州、河源、江门、肇庆、珠海等地均成立了各级河长矩阵。南方网红与广州、潮州、江门鹤山、湛江廉江等地方的河长走进治水一线，推出“跟着河长去巡河　跟着河长去履职”系列直播，在“广东河长”南方号及地方河长号矩阵同时播发，系列直播点击量超过100万。

通过组建遍布全省各地各级的河长小编队伍，实现最立体、最全面、最丰富的开放内容生产。栏目内容多样，发布量大，制作精良，包括直播、视频、H5游戏等多种形态；互动丰富，交互性强，包括“我是河小二”征集、“河长@两会”、每月河长矩阵南方号排行榜等多种方式。

运营推广实现两个全覆盖
——线上线下全覆盖、官方民间全覆盖

在“广东河长”南方号矩阵运营过程中，矩阵主还通过举办全省河长南方号线上线下交流培训沙龙、发动“河小二随手拍”、直播

“跟着河长去巡河　跟着河长去履职”等丰富的融媒体产品、活动，动静结合，形成铺天盖地的社会影响。

尤其是在广东省河长体系建立之初，针对基层河长及社会公众对河长制了解尚不充分，部分基层存在不作为或者不知道怎么干的情况，河长矩阵由“广东河长”南方号牵头，发挥舆论监督的力量，发动公众参与，以引起社会对河长制的重视，为下一步更好地宣传河长制，推动河长制工作落实打好基础。

2018年1月，南方日报、南方⁺客户端在《广东河长》栏目及南方号同步启动“河小二随手拍”线上活动，号召社会参与监督，曝光河湖违法行为。同期正值全国两会召开，南方⁺客户端在“广东河长”南方号开设“河长@两会”子栏目，通过视频访谈，让广东各级各地河长在镜头前主动与公众面对面，并向社会呼吁“一起来治水”。

根据活动报料线索，当年2月6日和2月12日，“广东河长”先后刊发《广州流溪河支流惊现“阴阳河”，黑水从哪来？》《黑臭纳污河直通珠江，佛山大沥镇这条城中村发生了什么？》两条含视频图文的网文，曝光两处省内河流污染情况。在网端引发广泛关注，仅南方⁺端内点击量就突破1000万，形成“爆款”效应。报道涉及的地方政府积极联系记者，通过所在地区河长南方号，回应“河小二”关切，及时采取截污措施，形成良性互动，并持续发布整治最新动态及当地河长制相关信息。

经过这样一套“组合拳”，不少河长很快意识到信息公开、与民互动的重要性，从而推动了“广东河长”南方号矩阵的形成，进而促进各地河长通过南方号这一平台，以更加积极、开放的姿态公开信息成为常态，推动了社会治理的创新。

主动策划立体运营，
做强主号引领河长矩阵同频共振

作为全省河长南方号矩阵的矩阵主号——“广东河长”南方号发挥牵头效应，围绕省委、省政府治水的重要决策部署，扣住关键节点，浓墨重彩做好河长制的宣传报道，打造广东省河湖治理最权威的新媒体品牌栏目，在河长南方号矩阵中形成示范效应，引领各地南方号同频共振，不断壮大。

在全面推行河长制的重大政策、重点事件报道中，“广东河长”南方号在移动互联网平台第一时间发出权威声音，各地河长南方号同频扩散。如2018年9月18日省全面推行河长制工作领导小组第一次会议召开及省第一号总河长令发布前后，南方+客户端创新传播方式，不但在第一时间全文权威发布省第一号总河长令全文，还通过微海报链接解读文章的方式，在端内及广大公众朋友圈引起群发刷屏效应，大量水利、河长办系统的南方号、微信公众号纷纷转载，进行二次传播。

在省河长办指导下，南方日报与南方+近年在“广东河长”南方号相继推出“江河水深调研”“练江驻河深调研”大型融媒体系列报道，不断增强传播力、影响力。在省水利厅指导下，“广东河长”南方号牵头开展首届“最美民间河湖长评选”活动。短短一周投票时间，共吸引网友93万次参与投票评选，广州、深圳、珠海、江门、河源、潮州、汕头、云浮、鹤山、乐昌等地的河长和水务南方号、微信号，以及建工集团、粤海珠三角公司、广东水电设计院发布网络推文，针对涉及的候选人及事迹作投票推介。南方号上的推文全部集纳在专题中上首页。在“世界水日”当天启动“我的家乡、我的河”拍客活动，收到上千幅投稿作品，广州河长、珠海河长、江门河长、鹤

山河长、河源河长、湛江河长6家南方号组织辖内各区搜集图片，以城市为单元进行投稿，精选图片持续在南方号运营区、南方+首页显要位置分批展播。

正是通过主动策划、主号引领、矩阵联动、融媒传播，“广东河长”南方号矩阵的传播力及影响力不断增强，形成浓厚的治水舆论氛围；同时，促进各级政府以更加积极、开放的姿态，打好污染防治攻坚战，让全社会进一步认识到治污工作的重要性和艰巨性，广泛动员人民群众参与其中。

2020年11月

（作者谢庆裕系南方日报经济新闻部政经二室主任）

如何盘活南方号矩阵？我们这样玩

□祁雷　龚玲

当前，南方⁺客户端南方号平台拥有7000家入驻机构及1.5万名新媒体运营人员，已成为广东规模最大的政务新媒体聚合平台。为进一步调动机构南方号的积极性，提升南方⁺客户端的优质内容供给能力，南方日报时政新闻部政法工作室以开展“广东政法”南方号矩阵为试点，积极深化机构南方号矩阵化运营模式。

相较商业自媒体，作为广东省委、省政府权威发布平台的南方⁺客户端如何“玩转”南方号平台？本文拟以“广东政法”南方号矩阵运营情况为例，试图回答这个问题。截至目前，“广东政法”南方号矩阵入驻机构超700个，涵盖全省政法委机关、法院、检察院、公安、司法系统，总订阅数超900万，成为重要舆论宣传阵地。

推动全省政法机构号“整建制”入驻

近年来，随着互联网新技术新应用迅猛发展，网络业态、传媒形态、舆论生态发生了深刻变化。中央政法委要求，“蓬勃发展的新时代，政法新媒体应有大作为”。我们抓住机遇，在广东省委政法委指导下，以自上而下方式，“整建制”推动政法系统集体入驻南方号。

于是乎，2018年11月，“广东政法”南方号新媒体矩阵成立大会在南方报业传媒集团隆重举行，全省442家政法单位集体入驻南方⁺客户端。这是广东政法系统成立的首个新媒体矩阵，涵盖全省政法委机关、法院、检察院、公安、司法系统。

这是广东政法宣传舆论工作中具有里程碑意义的大事，为广东省政法新媒体发展注入强劲动力，推动政法新媒体建设迈上新台阶。

在此背景下，"广东政法"南方号矩阵进入蓬勃发展期。特别是在省直政法单位头部号的强力牵引下，市区县级政法单位纷纷入驻。到目前，无论是发稿数量还是稿件质量，都得到了极大提升。

值得一提的是，南方日报时政新闻部政法工作室专门以广东政法南方号矩阵为试点，进一步探索深化机构南方号矩阵化运营模式。

为此，我们将"广东政法"南方号运营工作融入工作室全媒体采编业务中，并将矩阵细分为党委政法委、法检司、公安交警三大核心子矩阵，给跑线记者划分相应"责任田"。同时，以工作室自营"广东警讯""红绿灯""南方法治"南方号为抓手，带动各子矩阵同频共振。

打造多元化产品形态

南方号平台上，进驻机构号是信息传播的主体，它们相当于一张报纸、一个电台。如何避免各家"单打独斗"？我们的经验是打造"同题作文""政法榜单""首发计划"等多元化产品形态，提升矩阵活跃度。

开展"同题作文"。我们围绕线口重要会议、重要节点等，联动政法南方号开展同题作文。如在2020年4月，公安部部署在全国开展"一盔一带"安全守护行动。在广东省公安厅交通管理局指导下，我们推动全省交警南方号参与"一盔一带"同题作文活动。

上述"一盔一带"同题作文，以"广东交警""红绿灯"等交

"一盔一带"同题作文海报

警子矩阵头部号为内容策划、发布主阵地，吸引各地交警号积极参与。活动充分应用南方号专题呈现模式，设置"执法前沿""案例曝光""地市行动""安全课堂"4个子栏目，分门别类做好立体报道。

同年6月20日，根据同题议程，我们还联动广州交警推出安全驾驶中心试驾体验报名、直播+线上线下答题送头盔等创新运营环节，增强活动交互性，提升传播效果。此外，广东交警在官微账号同步上线"一盔一带"活动，并在其官微首页功能菜单设置南方号同题入口。

又如，2020年高考期间，我们提前策划，发动教育矩阵、公安交警矩阵等参与"护考"同题作文。其中，"平安护考　与你同行"同题主要由公安交警矩阵搭建。在"广东政法""广东公安""广东交警"等头部大号辐射作用下，市级交警号21个，区县级公安交警号43

交警执法直播

在线答题页面

个，发布稿件921篇，垂直矩阵立体运营效果立竿见影。

2021年上半年，我们围绕首个警察节、清明节、世界知识产权日等重要节点，分别推出“人民警察为人民”“英雄从未远去，我们不会忘却”“保护知识产权　守护湾区创新”等同题作文。其中，“人民警察为人民”同题作文，公安矩阵平台活跃度达73.68%。

开展首发计划。我们持续强化与线口单位协调联动，发动各政法单位选择南方号作为首发平台。目前，“广东检察”“省高级人民法院”两个头部号的重要通报南方+客户端首发率100%。此外，“广东政法”“广州公安”“广州交警”“深圳龙华法院”“珠海交警”“顺德警察”“深圳司法”等大批南方号均已加入南方号首发计划。

“平安护考　与你同行”同题作文海报

发布影响力排行榜。2021年，我们联动广东省委政法委、联合发布“广东政法”矩阵南方号季度影响力排行榜。榜单根据南方+客户端后台技术统计测评，并依据账号活跃度、稿件传播度、网友关注度、系统推荐度、文章首发数等指标进行综合打分后评出。通过这种表扬先进的形式，鼓励后进南方号积极“向上看”，以此提高广东政法南方号矩阵的整体活跃度。截至目前，“广东政法”矩阵南方号影响力排行榜已发布两期，吸引各号积极转发、转载。

打破部门间的“铜墙铁壁”

成绩背后，是体制机制的一次次创新。其中一大关键，是打破内外部门间的“铜墙铁壁”。

一季度总榜

一季度首发热文榜

如“一盔一带”同题作文活动，由省公安厅交通管理局指导，南方日报时政新闻部交警矩阵主具体牵头。依托内部完善的协作模式和产品功能，南方日报时政新闻部、发行物流公司与南方⁺客户端南方号运营中心、南方⁺直播组、南方⁺新媒体实验室、市场中心跨部门密切协同合作，深度挖掘活动宣传需求，分析交警线条和矩阵的切入点与呈现形式，线上直播创新植入，线下活动品牌露出。

又如，“护考”同题运营实现了跨部门、跨地域、跨专业和跨平台人员的灵活组合，打通了各个部门资源连接：广东教育发布厅、南方日报时政新闻部、南方⁺客户端南方号运营中心、内容运营中心等多部门联动运营；教育、公安、交警、防疫、健康等各层面齐头并进，构筑起从“简单相加”到“深度相融”的全媒体传播新矩阵。

体制机制理顺后，执行起来更加水到渠成。以同题作文为例，南方日报时政新闻部发起策划后，南方号运营中心迅速响应，在南方号编辑器发布同题征稿通知吸引各号参与；在南方号频道、南方⁺首页上线专题，并在南方号各垂直运营群推广，扩大活动影响力。政法工作室其他子矩阵主也积极参与，联动、盘活矩阵资源。

目前来看，南方日报时政新闻部政法工作室“广东政法”矩阵南方号的矩阵化运营取得了一些成绩，也探索了一些行之有效的运营手段。如通过联合省委政法委首次对外发布“广东政法”矩阵南方号影响力排行榜，对各政法南方号起到了良好的激励作用。如通过季度十大首发热文榜的带动，二季度首发文章总数较一季度翻了一倍。

2021年8月

（作者祁雷系南方日报时政新闻部政法工作室副主任，龚玲系南方⁺客户端南方号运营中心运营经理）

四、服务号

南方号平台以构建良好的政媒互动生态为基本目标，旨在推动广东省各级政务新媒体形成矩阵，在由党报建设运营的平台上集体发声。在提供更加权威、准确、优质的政务信息及资讯的同时，还能连接更多政务服务功能，为网民提供更加高效、便捷的政务服务。

伴随各级党政机关入驻脚步的加快，南方号平台也与时俱进推出更多兼具互动、服务、链接的功能。这些功能，能够让南方号的机构用户拥有更多运营工具，更好地结合各机构的工作重点，推进各类民生互动、政务宣传、党群建设。三年多的运营探索，平台做了大量调研，受访者包括政府机构、专家学者、普通网友等，结合用户的真实体验及需求，开发出了包括投票、点赞、私信、征稿、问卷、党建云等一系列互动服务功能。

2020年广东省夏季招考线上咨询活动，“招考”南方号矩阵在广东省教育考试服务中心的发动下，依托南方号的私信功能开展线上填报志愿咨询会，超过180所国内高校面向广大广东考生开展填报志愿咨询。学校与学生、家长通过南方号的私信服务功能，累计互动咨询量超过10万人次。

以党媒为立身之本，南方号也聚合了“南方党建云”服务，将党建功能融入南方号的服务体系中，推出了党建智慧平台、一键交党费、一站式党建会议管理、党课学习平台。

“南方青春高考季”如何玩转南方号?

□“南方青春高考季”南方号运营团队

两年前，在集团智慧转型战略和互联网移动化大潮的推动下，“南方青春高考季”正式入驻南方号。

两年间，从单一把南方号当作一个重要发布渠道，到主动融入、利用南方号提供的各项功能策划更多服务项目的活动，再到提出用户痛点与南方+各部门小伙伴一同开发功能，解决用户需求。这是共同提升和蜕变的两年。

两年间，移动端的技术在变，用户的使用习惯在变，对南方号运营者提出的要求也不断在变，而不变的是“南方青春高考季”团队的初心和愿景：让高考升学不留遗憾。

为了这样的愿景，“南方青春高考季”南方号诞生之日起就明确了以“高考升学”为立足点，以服务考生和家长为目标的发展定位与方向。

而作为一个服务号，还有三个问题需要明确：第一，服务谁？第二，凭什么服务？第三，未来如何继续更好地服务？我们的团队也在运营南方号的过程中，不断自省这三个问题。

服务“谁”？——用户场景决定生产方式

服务谁的问题，我们并非从零开始思考。得益于“南方青春高考季”项目从2014年开始深耕高考升学领域，我们对于考生、家长、高校等各方用户的基本需求已有积累和研究。

而在正式入驻南方号后，投票、传播情况等数据功能，进一步激发我们去研究数据背后的意义，让我们愈加清晰服务了“谁”，用户画像愈加清楚。

我们发现，用户对专业内容、阅读时间偏好、连续阅读，还有更便捷接触内容等方面有着集中诉求。而我们也欣喜地发现南方号后台的功能也辅助我们有效解决这些问题。

像南方⁺直播的定制化直播皮肤、冠名位置这些功能的使用，让南方青春高考季品牌更加鲜活有力，用户更易识别。设置后台定时发布，让更多用户能在习惯阅读的时间接收信息，优质内容的流量表现愈加突出。列表视频、专题集合，让专业内容富有灵动的呈现方式，帮助用户阅读浏览。还有，我们也根据自身情况，设计了相关稿件、超链接跳转相关内联功能的使用方法，形成用户阅读的长尾效应。

信息爆炸时代，用户需要更便捷、更快速筛选和定位到真正想要的内容。“南方青春高考季”与南方⁺客户端的内容中心、南方号运营中心紧密联动，广泛运营好南方号“推荐上首页”机制、重点内容PUSH推送、南方号推荐榜等各类推广法，让用户更省事也更精准地接触到我们的优质内容。

现在，在南方⁺客户端搜索“高考”就能直达“南方青春高考季”专题，而且相关稿件更是南方⁺首页、热文榜的常客。更多高质量内容获得了更好的传播，让“南方青春高考季”的内容在整个南方⁺生态系统中，更具辨识度。

凭什么服务？——连接带来的可能

从2014年开始，我们每年组织大量的线下公益活动，面对面服务了10万线下人群，也让我们更加直观地面对考生（家长）的焦虑和不停追问的状态。

咨询的需求一直都在，但是线下咨询的门槛也一直都在。比如原有的线下咨询会多在发达地区举办，偏远地区的考生（家长）很难接触到。再比如，咨询过程中容易存在一些虚假信息混淆视听等问题。怎么办？

我们的答案是打造“阳光招考掌上平台”。如何做？我们通过“连接”这两个字来诠释。

首要的是资源连接。由“南方青春高考季”牵头邀请头部资源和一批高校资源入驻我们的南方号矩阵，形成专属的招考矩阵。2019年，第一批入驻南方号矩阵的共有80多个资源方，到2020年7月上涨至200个，矩阵的小伙伴越来越多。2020年更有同题作文的新玩法——“上南方⁺，看最全高校招生简章”，矩阵内的各高校全面及时发布了756条高招文章，同题作文活动热度极高，进一步形成招考矩阵的影响力。

有了一支具有强大内容生产和服务能力的招考矩阵队伍，“阳光招考掌上平台”的格局初见雏形。

接下来，要考虑的是真正解决用户的咨询需求，简单说就是，创造条件连接高校和考生（家长）。2019年，“南方青春高考季”与南方⁺南方号运营中心、产品研发中心携手，将私信功能移入南方号平台，正式开启了线上咨询的第一步，搭建起高校和考生（家长）可见可感可用的线上沟通互动桥梁。

在依托线上咨询功能举办的高考线上咨询会活动中，语音转文字、机器人小助手、多客服运营等功能，大幅提升了用户体验。目前，已经在同类型产品中形成了较强的技术先发优势。

酒香也怕巷子深，优质内容需要有更好的推广。因此，需要连接活动与用户，让更多人了解和收获活动的服务。发挥好媒体天然的宣传渠道优势，南方日报、南方网、南方⁺客户端媒体矩阵铺开宣传广度，这只是常规操作。更优化的推广策略和技巧是使活动深入大众的“法宝”。组织各参与单位通过自身渠道联合推广，与地市教育部门合作，共建高考升学线上专区……精准细化宣传的深度。一系列推广“组合拳”大幅提高活动的影响力，更让活动与用户形成更加广泛的连接。

特别是2020年，在疫情环境下，广东省夏季（春季）高考咨询会全面线上化，少跑动、少聚集，组织了中山大学、华南理工大学、南京大学、浙江大学、中国人民警察大学等备受关注的省内外高校参与活动，为考生（家长）提供私信互动答疑，极大程度上解决了考生（家长）的咨询刚需，社会反响热烈，受到一致赞誉。

此外，线上咨询活动与“南方青春高考季”原有的内容生产有契合连接。在2020年举办线上咨询会活动同期，“南方青春高考季”推出31场虚拟演播室线上宣讲会，邀请50多所参与线上咨询会的高校招生官进行直播宣讲，通过“直播+在线咨询”两项强势功能的新组合，让考生（家长）的资讯和咨询需求在同一场景得到满足。各项连接中，当然也不可缺少与项目本身运营的连接，这一连接亦产生了很好的效果。

目前，“南方青春高考季”运营的阳光招考掌上平台已经搭建了由200所省内外高校组成的招考矩阵，共顺利举办了4次高考招生线上咨询活动，在南方⁺客户端内定向服务了超过15万人次的考生（家长），共产生超过100万条私信互动数据。

未来如何更好地服务？——融合为产品赋能

在我们的理解里，南方⁺客户端像是一个孵化型的产业园区，南方号则是一个个创业项目。南方⁺客户端平台不仅为“南方青春高考季”提供了品牌支撑，还提供了平台技术支撑、产品开发迭代服务，并且为项目开拓提供了大量的运营支撑、宣传支持等等。例如，阳光招考掌上平台在南方⁺产品研发中心的支持下，已经完成了3个大版本，大量小版本的迭代；南方号运营中心与我们共同发布智库型服务榜单，提升项目在行业中的影响力……

接下来，在南方⁺客户端这个产业园各项“利好”的支持下，“南方青春高考季”将以广东智慧招考为目标，进一步深化产品的打造，在加强平台内容和高中资源的连接上下功夫。

我们相信，未来，随着融合的不断加深，南方⁺客户端为各类产品赋能的模式将更加丰富多彩，结出更多丰硕的成果。

2020年11月

第二章
南方号的传播力

一、我要上首页

移动互联网时代，酒香也怕巷子深，好内容需要更好的推荐机制，对于平台型客户端而言，最好的推荐就是上首页。首页是流量的入口，首页意味着被更多终端用户看见，更多机会发生转载、评论、点赞等指尖行为。

2019年3月，南方号推出了优质政务推荐计划。全省各地各级政务机构均可通过南方号融媒体平台自荐优质原创内容，包括政务信息发布、法规政策解读、网络舆情回应、重大主题宣传等，甄选通过后，南方+客户端将在首页频道突出位置予以重点呈现，根据内容价值评估，再进行手机PUSH推送、客户端开屏页展示、各城市频道推荐、南方号订阅用户推送等多层次全方位的渠道分发，确保广东政务新媒体优质内容能得到最广泛的传播。

好内容上首页不仅是内容层面的广泛传播，还是平台运营的重要指标。南方号运营者通过融媒体平台可查询哪条稿件上了首页，系统自动统计每月上首页的条数，作为稿件阅读数外的一个加权指标，有利于多次上首页的南方号在每月影响力排行榜中脱颖而出，这也是平台运营的逻辑所在，南方号作为业内首个专注于权威信源的自媒体平台，聚合政务新媒体资源，构建起“新闻+党务政务+服务”内容生产传播与党媒服务体系。

做有态度、有深度、有温度、有力度的政务新媒体

□肇庆发布

2017年，“肇庆发布”正式入驻南方号。两年多来，“肇庆发布”一步一脚印，全力打造有态度、有深度、有温度、有力度的政务新媒体，在引导主流舆论中充分发挥“喉舌”“尖刀”“桥梁”作用，成为广大市民获取官方第一手权威信息、解决民生实事难题的不二渠道，是外界了解肇庆、认识肇庆的重要窗口。

作为政务新媒体，“上接天线，下接地气”无疑是政务媒体的必备属性。“肇庆发布”是深入贯彻习近平新时代中国特色社会主义思想，特别是主流新闻舆论思想与时代发展潮流相结合的实践产物，是经市委、市政府研究成立具备政治高站位和发展高起点的政务新媒体，始终牢记党的新闻舆论工作的职责使命，围绕中心、服务大局，弘扬主旋律，传播正能量，讲好肇庆故事，解疑释惑老百姓关注的重点、热点、难点，及时报道党委政府解决人民关切的举措和成效。

有态度——敢发声，真亮剑

作为肇庆地区的政务新媒体，“肇庆发布”敢于亮剑，勇于发声，带领全市政务新媒体联盟成员单位精耕细作，充分发挥新媒体舆论监督作用，倡导为官有为的正面舆论导向。例如，2017年6月，“肇庆发布”接到网友投诉“四会市一幢存在10年之久的倾斜楼因得不到

有关部门的重视一直未能解决”后，立即进行了实地暗访，并结合当时正在开展的“解放思想，实干兴肇”思想教育活动，进行跟踪报道，曝光了部分官员不作为、慢作为的作风，最后该事件得到妥善解决，成为全市剖析学习的典型案例。

敢于维护公平正义，真正为民发声。2017年9月，“肇庆发布”在对“回音”栏目进行“回头看”时，发现一宗本应迅速解决的噪声污染投诉问题迟迟得不到解决，为此“肇庆发布”连同市环保局工作人员多次暗访及明访噪声产生企业，实地取证，倒逼该企业停产整改，直至消除噪声污染。随后发表《@高要环保局　民生无小事！不要再当敷衍塞责的“官老爷”，请尽责尽力为民！》文章直指高要区环保局不作为，做到真正为民请命。

有深度——深解读，辨是非

通过不定期推出评论员文章，及时应对有损党委政府形象的行为和现象，努力维护好党委政府在群众心目中的形象，提升党委政府公信力。例如，2017年6月，端州城管局执法队员工作时与气球小贩发生摩擦，事件引发网上热讨。“肇庆发布”特约评论员对此事发表了客观而辛辣的时评，为“文明肇庆”发声！

着眼最热点事件，特约评论员以独特见解为市民群众深入解剖每个话题，及时将党委政府的权威声音传得更开、更广、更深入。例如2018年，肇庆市委、市政府发出铿锵号令，明确提出要高度重视旅游振兴，“肇庆发布”特约评论员马上撰写时评《@肇庆旅游：何必捧着金碗不装饭吃？》，以辛辣的笔锋，独到的见解，为人民群众剖析肇庆旅游的发展现状和改进思路。

有温度——近群众，系民生

“肇庆发布”注重发挥其听民声、汇民智、政民互动等方面的作用，第一时间回应民生关切，搭建起方便、快捷、有效、务实的党群政民沟通新桥梁。“肇庆发布”在创立之初便推出“回音”栏目，通过收集市民意见建议，并交办有关职能部门，敦促相关部门及时核实、妥善处置、有效回应，助力解决群众最关心的热点难点问题。

坚持贴近群众的“肇庆发布”在舆情应对、突发事件发生时更能有效发出党委政府的权威声音。如2018年台风“山竹”登陆期间，“肇庆发布”充分发挥新媒体平台品牌优势，第一时间权威发布“山竹”最新动态消息、预警信息及肇庆市各项工作部署、应对措施及安全指南等，努力讲好肇庆防风减灾和救灾复产好故事。

有力度——强笔力，广传播

充分发挥新媒体在报道形式、语言风格等方面的优势，用更有温度的形式、语言来强化与读者的交流互动，让老百姓愿意听、喜欢听我们代表市委、市政府发出的声音。2019年春节期间，“肇庆发布”创作了MV《追梦肇庆》。这首以歌曲《沙漠骆驼》改编而成的MV，回顾了2018年肇庆发生的各项大事，跳出了传统的宣传模式，生动活泼接地气，主题突出又面面俱到，重点突出又细腻温馨，让大家在轻松愉悦的心情中了解党委政府做的工作，得到市委主要领导和广大市民的广泛认可。

主动谋划，推出系列创意稿件。通过音乐、手绘漫画、视频动画等新颖形式力推肇庆之美，讲好肇庆故事。2019年，“肇庆发布”推出《粤港澳大湾区时光机》H5，作品以手绘的形式，描画了粤港澳大湾区内各个著名景点；2019年是中华人民共和国成立70周年，“肇庆发布”用手绘+动画的形式，通过1分钟的视频，让人物主角穿梭70年的时光，将一代又一代肇庆人的奋斗历程呈现眼前。

团结奋进初心不改，砥砺前行再谱新章。未来，“肇庆发布”将继续高举习近平新时代中国特色社会主义思想旗帜，以南方号平台为主要宣传阵地之一，充分发挥“肇庆发布”品牌优势，牢记职责使命，实现“道正声远”，推出更多属于“湾区新秀”的时代强音，努力传播肇庆好声音，传递肇庆正能量，为肇庆加快建设粤港澳大湾区连接大西南枢纽门户城市凝心聚力。

2020年11月

二、同题作文

深融进程中，传统的大众媒体在议程设置中的主体地位日渐式微。具体到开放平台上的组织、群体甚至是个人，通过南方号都有可能对政务发布或社会议题产生影响。作为开放生产的平台，南方号既要适时发掘既有的关键要素，让他们在突发公共卫生事件中成为积极声音的中转站和放大器，同时，也要与各级政府、企事业单位联手设置议程，形成舆论合力，让正能量强声量。

以平台为主体的“议程设置”，如何有效传递公共议题，将不同矩阵、不同群体，甚至是不同立场的南方号整合起来？南方号平台给出了最优解——基于矩阵类型搭建基础上同题作文的策划与统筹。

同题作文的运营模式，是平台方针对不同主题和社会热点，向进驻南方号派题征稿。在设置好的议题框架里，他们可根据自身特点和擅长领域进行创作，不限体裁、不限角度、不限形式，形成“平台—入驻号运营者—终端用户”的运营闭环，依托“同题作文”开放生产方式增强入驻号与用户之间的互动，实现平台“强运营、强链接、强触及”的可持续发展路径。

踩准时间、把握热点、善用资源
——我们这样写好南方号“同题作文”

□广东教育

2019年至今，南方+客户端开展了内容丰富、形式多样的“同题作文”活动，根据社会热点向各大南方号征集稿件，发挥各自优势，从不同角度，围绕同一主题，写读者喜闻乐见的“热文”。“广东教育”南方号当然不会错过这个既能提升内容影响力，又能拓展传播覆盖面的好机会，积极踊跃参加，并总结了以下经验。

踩准时间，提前策划专题

教育工作的节律性较强，“广东教育”南方号对重大选题争取做到提前策划，踩准时间点发布。教师节，是教育政务新媒体每年必须把握好的宣传点，但如何做到每年有新意，是挑战也是机会。

往年我们推出过教师队伍建设成绩盘点、教师节祝福留言墙、优秀教师风采展示等文章，读者参与感很强，反馈也很好。2019年，是广东教育与南方号平台展开内容合作生产的元年。有了平台的助力，我们决定加点创意，尝试新做法。通过线上线下与读者的交流发现，很多人羡慕教师有寒暑假，觉得他们工作内容轻松，但实际上这是大家对教师工作认识不深的误解。所以，2019年的教师节，我们借“上课，起立，老师好！”同题作文的机会，在南方+编辑团队的协助下，共同策划了“援藏援疆教师的一天”专题，展现广东省优秀教师风采，展示支教教师丰富充实的教学生活。

确定选题后，我们马上联系了三名今年获得“全国模范教师”称号的广东省援藏援疆教师和一名在大学生实践活动后决定留藏任教的广东省师范毕业生，充分沟通选题的目的与意义，请他们将自己日常的一天用文字和图片如实记录下来。经过后期的整理和加工，我们用时间轴的方式还原了四名教龄、工作岗位、任教科目都不同的教师的一天，通过图文并茂的方式展示广东省教育工作者如何在边疆播撒教育大爱。该系列文章推出后，迅速引发众多教师共鸣，消除了“行外人”对教师职业的“误解”，吸引读者们纷纷点赞，真诚赞美最辛勤的园丁。

除了教师节以外，“广东教育”还根据教育规律，在暑假、开学等重要教育节点，参与了多次“同题作文”活动，实现了阅读量高、点赞数多的双丰收。

把握热点，关注读者体验

新媒体时代是信息爆炸的时代，信息爆炸给人们带来了福利，使人们生活在一个更透明的社会中，但这种爆炸也给人们带来了烦恼，热点频发，大量耗散着人们的注意力。“广东教育”作为权威教育资讯发布平台，在信息传播速度快、传播渠道广的当下，一方面注重保持政务新媒体的公信力和权威性，把准推送资讯的准确性和导向性；另一方面也在积极探索提升公众关注热度的方式。深挖读者需求，把握、利用热点，传递正能量，是我们的做法之一。

2019年暑假期间，电视剧《小欢喜》备受关注，开播以来，剧中的很多育儿观念在网络上引起热议。8月底，电视剧收官时，“广东教育”参加了南方⁺平台的同题作文“父母&子女，如何小欢喜？”。在搜集各种观点的资料后，我们推出了《多少父母正在以爱之名“绑架”孩子人生！父母&子女，如何小欢喜？》，通过剧情引出父母对孩子过度管束带来的问题，借此探讨亲子之间建立和谐关系的方法。

9月，正值开学季，“我太难了”成了当时的网络热词，“广东教育”利用“我太难了”同题作文征稿机会，将该题目与开学防诈骗提醒联系起来，及时发布了防骗攻略《开学季与骗徒斗智斗勇，我太难了！》，受到了同学们的广泛关注。

善用资源，发挥矩阵力量

“内容为王”是新媒体发展的高频词。巧妇难为无米之炊，再好的创意也要有“干货”支撑。所以除了以上两点做法外，“广东教育”还注重发掘、整合、用好身边资源。

2020年5月，我们充分发挥广东教育微矩阵作用，以“青春为祖国歌唱”为主题，面向矩阵单位广泛征集各地各校师生同唱《我和我的祖国》视频。活动开展以来，各地各校积极投稿、踊跃参加，经后期综合整理加工，共为读者送上26期精彩推送。国庆节前夕，“广东教育”微信公众号、南方号重磅推出视频合集。视频中，广东高校师生用丰富多彩的演绎方式，释放青春的热情和能量，以满腔赤诚唱响奋斗追梦的宣言，向祖国母亲深情表白，充分展现了广东省高校师生昂扬向上、奋发有为的精神面貌，生动表达了热爱党、热爱祖国的真挚情感，唱响了新时代的青春之歌，为社会增添了正能量。此视频合集还获得南方⁺客户端联合学习强国广东发布平台举办的“我和我的祖国”新媒体爆款大赛活动二等奖。

2020年高考，是在决胜全面建成小康社会、决战脱贫攻坚大背景下的一次高考，更是疫情防控常态化下的一次高考。7月，高考前夕，教育部门、卫生健康部门、公安部门等分别就考务工作、疫情防控、平安护考等方面作最后部署。

高考集结号正式吹响后，“广东教育”积极运营，引导垂直矩阵内南方号有目的、有针对性地创作内容。复盘高考期间“广东教育”的内容策划，既不靠“标题党”吸引眼球，又不以贩卖情怀作为噱头，而是深入每一个场景，通过每一个细节记录这场特殊的“高考故事”；围绕高考应援、备考攻略、考试服务，生产了不少科学、严谨、理性，充满了人文关怀的“爆款”内容。

2020年11月

巧用同题策划，盘活政法矩阵
——“最美网格员”传递温暖正能量

□陈伊纯　祁雷

为深入宣传全省广大社区网格员在新冠肺炎疫情联防联控、群防群控中涌现出来的先进典型和感人事迹，2020年3月18日—4月18日，广东省委宣传部、省委政法委联合南方日报社开展“社区‘疫’线的最美网格员”征文活动。

疫情暴发前期，网络上各种消息满天飞。活动正是想通过亲历者、见证者的角度，讲述网格员群体的真实战“疫”故事，澄清谬误、明辨是非。与此同时，活动也是对广大网格员长达数月抗疫工作的肯定，鼓舞其继续奋战在抗疫一线。

互联网就是新战场，新媒体就是新战力。新媒体已日益成为信息传播的主要渠道和平台。为促进转型融合，南方日报时政新闻部以南方+客户端作为投稿主平台，并运用“广东政法”南方号的力量，发动各地投稿，盘活政法矩阵，推广响亮的“南方”品牌。

“广东政法”凝聚力量

一方面，我们使用了今年初新开发的“南方+投稿系统”，参赛者可通过线上投稿方式，直接在手机上“一键上传”文字作品和图片，极大地便利了全省各界参赛投稿；另一方面，时政新闻部充分发挥线口矩阵主的号召力，联合省委政法委、南方号运营中心发起“最美网格员”同题作文活动，并邀请政法矩阵头部大号“广东政法”来一同进行组织运营，激发各地南方号的参与活跃度。

在创新融合、立体传播的赋能之下，征文期间，“南方+投稿系统”日均投稿超160篇，累计收到投稿4990篇，除政法工作者外，还吸引大中小学生、教师、村民、网格员家属等群体积极参与投稿，实现21地市参赛全覆盖。

值得一提的是，在时政部矩阵主和南方号平台的运营之下，在“广东政法”的发动之下，103家官方南方号踊跃参与到了征文活动中，实现广东政法矩阵同频共振。在这些来稿当中，既不乏温情动人的一线故事，也不乏激情昂扬的战“疫”雄心，同时还输出了许多带有人文关怀的抗疫干货，形式多样，文字精美细腻，“爆款”频出，大大丰富了南方+客户端的内容呈现。

而无论是通过投稿系统投稿，还是南方号平台，南方+客户端都实现了稿件的前端互动功能。一方面是参赛者投稿后，后台编辑在完成审校工作后，可一键将过审稿件推送到南方+客户端进行图文展示，读者可随时随地阅读过审参赛作品，并进行评论、点赞等，参与感、互动性非常强；另一方面，稿件通过南方号平台进行发布后，我们也及时进行推广与分发，不断增强稿件曝光度，提升各单位的参与体验，扩大活动影响力。

构建全媒体传播新矩阵

为了更进一步地展示网格员群体的时代风采，我们还积极做好优秀作品的摘登选用，如《“待花开疫散，我要请假回去看看父亲”》《他们的战“疫”“武器”，是口罩和红袖章》《“口罩是给防疫工作者用的，再高价也不卖！”》《为省下通勤时间战“疫”，他自费在单位旁租了间房》《“最美”网格员丨“下刀子也要出去看看，风雨算什么”》等，实现全省参赛作品摘登全覆盖，生动、真实展现了网格员坚守一线、默默奉献的感人事迹。

对优秀作品的二次推广，为南方号平台进行了充分引流；不断输出的内容亮点，也再次为政法矩阵赋能。数据显示，参赛作品在南方+总点赞数为673万，活动全网总访问量过亿次，引导全社会关心、支持防疫工作。不仅如此，广东省委政法委、省高院、省检察院、省公安厅、省司法厅及全省21地市相关政法系统官网、微博微信等对活动和投稿作品均积极转发，持续造势，不断扩大活动覆盖面和影响力。

在这次征文活动当中，政府部门与新闻单位同频共振，而我们，又与全省的政法矩阵同频共振，形成了立体传播阵势。善用“南方+投稿系统”，巧用南方号“同题作文”，在技术的加持，形式的创新，运营人员的灵活组合，线口记者与南方号运营中心，以及“广东政法”的密切合作下——种种要素凝聚起来，实现了一次跨单位、跨地域、跨平台的全媒体传播新矩阵，为客户端带来了高流量的同时，也大大提高了南方号入驻单位的内容生产的创作能动性与积极性，为南方日报、南方+客户端的持续发展注入源源不断的动能。

2021年8月

（作者陈伊纯系南方日报时政新闻部记者，祁雷系南方日报时政新闻部政法工作室副主任）

三、奇妙的栏目

作为开放生产平台，入驻南方号以政务发布号为主，除了日常的政务发布内容外，如何稳定地激发南方号闲时生产力，为南方+平台提供更多优质内容？南方号平台各种“奇妙的栏目”应运而生。

一方面，南方号平台作为主导，设置一些主题栏目，针对不同矩阵、不同系统的南方号有针对性地长期征稿，内容形态相对固定，但相比较简单的政务信息发布，生产要求更高。

另一方面，平台也可以扮演“孵化器”的角色。对于那些有足够实力形成自有栏目的生产者，给予更多的支持和帮助。平台辅助孵化、推广，除内容把关和选题建议外，更多的是为其配备优质推广资源，如开设专题页，提供互动支持，制作推广海报，设计栏目UI，重点分发，等等，内容则由机构号主导生产，自由发挥。

总之，南方号栏目既有“同唱一首歌”的包容并蓄，也有“一枝独秀”的优质输出，既能调动基础生产力，也能激发深层创造力。

不走寻常路，从“心”读懂粤港澳大湾区文化遗产游径
——“周末打卡”的特别策划

□“广东文化旅游”南方号小编团

作为一个有点“调皮”的年轻团队，“广东文化旅游”南方号小编团一直秉承着“换位思考”的理念，对读者的阅读感受、粉丝的喜好程度以及内容的深度和价值，进行多角度的分析。

适逢初秋，国庆假期也即将来临，面对凉爽而悠长的小长假，人们想出游的心情也越发迫切。站在游客的角度想想，一年一度的“黄金周”似乎总是摆脱不了人山人海的旅游印象，如何才能“不走寻常路”，玩出新花样？加上南方号有“周末打卡”栏目，小编团跟南方号平台编辑一商量，不如做一个“周末打卡”的特别策划——“国庆去哪儿”专题。

循着这样的思路，我们以应季、应节、突出新玩法为“卖点”，决定淡化繁复的历史解说，以攻略形式来撰写文章，当中提及“粤港澳大湾区文化遗产游径”的概念和内涵，为游径进行浅表性预热。

根据2019年5月，广东省文化和旅游厅会同省自然资源厅、省住房和城乡建设厅联合发布的《粤港澳大湾区文化遗产游径建设工作方案》，我们策划的专题主要涵盖粤港澳大湾区孙中山文化遗产游径、海上丝绸之路文化遗产游径、华侨华人文化遗产游径、古驿道文化遗产游径和海防史迹文化遗产游径等5条线路。针对每一条游径的独特优

势，初步确定了探寻孙中山足迹、探寻海丝古韵、聆听桑梓侨心、徒步古驿道、探寻海滨之境等5个主题玩法。在每一篇主题文章的形成过程中，我们都遇到了具体的不同问题。

“国庆去哪儿”专题

“国庆去哪儿”系列推文

扫二维码
查看详情

孙中山文化遗产游径推文

比如在孙中山文化遗产游径中，孙中山先生从出生、成长、求学到行医、进行革命活动，活动足迹遍布粤港澳大湾区，时间脉络也错综复杂。如果以人物的一生为线索，显然不符合这些资源点“点状式分布”的实际情况。因此我们以城市为主导，将“革命根据地”广州、“伟人故里”中山、与“辛亥革命”紧密关联的惠州、与“建国方略”紧密关联的肇庆等城市串联起来，在讲述人物故事的同时，着重介绍地市的文化内涵和相关玩法。

又如在海防史迹文化遗产游径中，所涉及的资源点记录了社会巨变时期的海防发展和海防斗争历程，承载着丰富的历史信息，但本身带有比较单一的文化属性，可能容易给人造成一种枯燥的“文化苦旅”的印象。因此在玩法上，我们除了考虑要将它的文化内涵揭示清楚之外，更重要的是挖掘这些遗迹在新的时代所焕发出来的活力，让大家在追寻历史的同时，也能感受眼前的幸福生活。所以在深圳大鹏古城这一站，我们选取了首座海防文化体验馆和方知书院，以及深受年轻人喜爱的海边“民宿村”；在鸦片战争博物馆这一站，我们引导大家在了解悲壮历史之余，换种心情畅游“广东四大名园”之一的可园博物馆。

总体来看，粤港澳大湾区文化遗产游径专题虽然宣传时间短，但因抓住了国庆假期的节点，加上南方号“周末打卡”栏目特别策划的包装，整体取得了不错的宣传效果。特别是在南方+平台的倾力支持下，这5篇文章都以国庆专题推荐形式，发布在南方号首页，并登上了当日的热文榜，还推荐到学习强国广东学习平台，拓宽了宣传渠道，将传播效果最大化。

2020年11月

海防文化体验馆　　方知书院　　海边“民宿村”　　可园博物馆

扫二维码
查看详情

海防史迹文化遗产游径推文

原创、深度、权威、用户
——全平台品牌建设的关键所在

□简文杨

众所周知，南方+已经成为最懂广东的新型主流媒体平台，正如它在开屏广告中所言：全天候生产与推送原创新闻、权威资讯和深度分析，尊重原创、传递思想，24小时为用户提供新闻资讯和生活资讯。

“中山六院”南方号依托的中山大学附属第六医院（简称“中山六院”），是一所集医疗、教学、科研、预防和康复保健等于一体的大专科强综合医院，医院为中山大学直属附属医院，拥有两个院区（员村院本部和瘦狗岭北院区）。除了多个国家临床重点专科和广东省临床重点专科外，中山六院有一大批愿意讲科普同时能讲好的医护人员，其中不乏国家级专业委员会主任委员这样级别的大咖。

作为医院新媒体矩阵的重要组成部分之一，本南方号稿件内容均由医院宣传科主导，联系医院各科室提供，在南方号平台里面发布，每条稿子均通过策划选题、撰稿、专家审核、领导拔管、排版发布等五大阶段，保证文章的科学性、可读性、权威性和及时性。

作为一个南方号的运营人员，笔者认为要做好运营，离不开上述开屏广告中的几个重要词语——原创、深入、权威、用户。

有速度、有态度、有温度

高度提炼科普内容，编撰成文，结合时下热点，增加可读性、趣味性和吸睛性。结合受众反馈，不断优化创新，结合自身特长，视频、长图、音频、互动图片等多种形式都可以尝试。从公众的需求出发，将大家关心的热点问题进行归纳，做科普不仅要解决健康问题，对于社会民生问题的关注其实也是健康传播的一部分。内容推送时增强互动性，认真或者是谐趣地回复评论，增加用户黏性。

做好垂直细分内容品牌建设

医疗科普，本质上是翻译，把老百姓想知道、应知道的专业知识，用通俗易懂、深入浅出、喜闻乐见的方式表现出来，让大家看得懂、记得住、学得会，通过科普使更多人少得病、晚得病甚至不得病，把病人“越看越少”，这才是医生们做科普的使命。

医院作为医疗健康服务的主体，在传播科普知识方面具有得天独厚的优势。医护们救死扶伤的社会责任感促使他们愿意参与科普工作，他们拥有的知识则确保了其科学性和准确性。这种自身垂直细分品牌影响力的打造，也更能够加深受众的记忆点，形成自身品牌流量闭环。

数据分析、问卷反馈辅助内容导向

后台通过数据收集，对“每周医答”的科普获益性、优势和问题进行总结分析。通过问卷调查分析影响大众阅读兴趣的科普内容，确立科普内容导向。

有好内容，也要有好平台

阅读量需要内容的支撑，但是高质量的文章内容同样也需要优质的平台进行曝光，南方+正是提供了这样一个平台。

首先它会结合当下热点提出一些重点曝光的选题，供运营人员参考，其次我们也可以联系平台工作人员联合策划一些独家发布的内容，最后甚至在我们做好内容之后，也可以与工作人员取得联系，获得更多曝光，这也是我们喜欢南方+的原因所在，它对运营十分友好！

2020年11月

（作者简文杨系中山大学附属第六医院纪委委员、宣传科科长）

四、新媒体爆款大赛

打破政务发布常态，推动优质创意内容生产，政务开放生产平台如何助推入驻政务新媒体打造爆款？“南方号新媒体爆款大赛”正是南方号平台运营的重要手段之一，它也是同题作文的升级款。

依托主题宣传节点，南方号平台策划1到2个当年的大赛主题，借助开放生产的形式，发动引导广东全省各级政务机构进行新媒体产品的生产创作，共同唱响主旋律，南方号新媒体爆款大赛就是从这一运营机制下延伸出的IP品牌。

打通线上线下的运营链路，线上，优质参赛作品全方位展播，给予多渠道分发，最大程度提升传播效果，比如首页重点呈现、弹窗推送以及学习强国广东发布平台的内容推荐。线下，新媒体爆款大赛研讨班、广东主题报道交流营等活动为政务小编们提供全方位新媒体技能培训，同时，也为爆款大赛进程打下一剂强心针。最后，再通过点赞投票和专家评审选出得奖作品，形成全方位、高密度、广覆盖的宣传声势。征稿、展播、点赞、评选、发表一系列流程最终形成爆款诞生的完整闭环。

截至目前，“我们的湾区大文章”“我和我的祖国”“走向我们的小康生活”“我们的小康生活”四届爆款大赛百花齐放、百家争鸣，涌现出一批传播广、流量高、口碑好的新媒体创意产品。

“融”字当头抓机遇，守正创新争一流
——“揭阳发布”南方号亮点分析

□中共揭阳市委网络安全和信息化委员会办公室

“揭阳发布”南方号坚持把习近平新时代中国特色社会主义思想宣传作为网络宣传的首要政治任务，常态化开展党的创新理论宣传；积极适应互联网时代的传播需求，宣传展示揭阳的建设发展、文明创建、旅游观光等新形象，讲好新时代揭阳故事；发布权威信息，及时回应百姓民生关注的热点问题，搭建民生服务平台，走进群众，走进民心；推进网络精神文明建设，开展揭阳市“文明网站”“文明微信公众号”创建活动和文明上网宣传活动。

融合创新，改进形象宣传

2019年5月，中共揭阳市委网信办联合揭阳市农村商业银行系统委员会精心打造原创MV《我的家乡叫揭阳》。作品的策划创作突出揭阳人唱响揭阳声音，展示揭阳风采，主创团队选择纯本土音乐人，男主唱是揭阳潮语歌手、抖音红人潘琼林，女主唱是揭阳知名歌手陈蔓，导演是揭阳“80后”新锐导演李文浩。在创作过程中，注重形神融合，创新城市形象网络宣传的表现形式，从优秀传统文化与现代建设成就、潮语说唱与美声唱法、流行音乐与唯美画面三个方面进行融合，既接地气，又展现了城市的新面貌、新风尚。在表现形式上，既有歌曲又有画面，突破传统的形象宣传片没有歌曲的纯画面表现形式

原创MV《我的家乡叫揭阳》

以及传播力较差的局限，朗朗上口的词曲，更容易给人留下深刻印象。在主体内容上，则是传统文化和现代文明相结合，单纯传统文化反复地老调重弹不仅达不到宣传效果，有时还可能有反作用，融合现代文明更接地气，也跟得上时尚潮流；在传播方式上，传统媒体和新媒体相结合，在线上线下采用多种方式在多平台推广，齐头并进，全方位宣传，从而达到家喻户晓、老少传唱的效果。

精准定位，献礼70华诞

作为庆祝新中国70华诞献礼作品，《我的家乡叫揭阳》紧扣为庆祝新中国成立70周年营造良好宣传舆论氛围这个主题主线，将揭阳独具魅力的历史人文、自然风光、民俗风情、时代精神等内容融入其中，很好地将家乡味和现代感相融合，用新颖和群众喜闻乐见的形式全面展示揭阳的建设发展成就和新时代的魅力风采，为新时代的揭阳树立良好形象，既提升优秀传统文化活动的亲和力与影响力，也提振了全市广大干群干事创业的精气神，坚定对家乡的文化自信和发展信心，点燃市民特别是外出乡贤对家乡的热爱之情。

刷屏网络，赢得各方好评

MV在“揭阳发布”平台上线后引起社会各界的强烈反响，在南方号平台主办的“我和我的祖国”新媒体爆款大赛中取得第一名的好成绩，并且登上学习强国全国平台、中国文明网、广东发布等中央和省级主流媒体平台，总播放量超过500万次，更斩获中宣部学习强国平台举办的“我爱我的祖国”全国微视频、摄影作品大奖赛全国三等奖，广东发布和南方⁺联合主办的“我和我的祖国”广东新媒体爆款大赛地市组一等奖等全国、全省多个大奖，起到了很好的宣传效果，大大提升了揭阳的知名度和美誉度，成为展示魅力揭阳的一张亮丽名片。

“我和我的祖国”新媒体爆款大赛

政务新媒体爆品策划“心”套路

□李洁茹

条漫火了！继H5、长图、短视频、小程序后，内容运营迎来了条漫、Vlog时代，特别是条漫，堪称内容创业的新风口，各路小编摩拳擦掌，其中不乏许多成功的案例。

而“中国广州发布”编辑团队也紧跟热点，多次尝试条漫策划，效果喜人。在南方⁺举办的全省粤港澳大湾区爆款大赛中，编辑团队策划的《暴露了！广州的惊天秘密……》获得了最佳创意奖、全省二等奖。而《70年广州90后图鉴》获得了“我和我的祖国”新媒体爆款大赛全省二等奖。

“我们的湾区大文章”南方号新媒体爆款大赛

据行业人士总结，目前受欢迎的条漫内容归纳为四种：盘点吐槽式、脑洞故事式、走心情感式、表情包对话式。比如《暴露了！广州的惊天秘密……》，就是小编综合四种模式，创新性地将条漫和广州城市宣传的主题结合起来。创意灵感来源于科普类漫画，以千年商都的演变作为主要内容，诙谐幽默地科普广州的发展历程。

事实上，新媒体运营市场在经过“劣币驱逐良币”之后，开启了一场去芜存菁的洗牌。政务新媒体在这样的大潮中，得过且过显然是不行的。

但是，是不是一味地追随热点、傍潮流就可以了呢？中国广州发布编辑团队在爆品策划的道路上，总结出了我们的“心”套路。

“我们的湾区大文章”南方号新媒体爆款大赛展播

政务新媒体在热点策划上要“别有用心”

政务新媒体作为官方平台，有公信力和权威性。政务平台的策划工作难点就在于如何保证政务新媒体严谨性的同时，结合流行元素，打造正能量爆款作品。

广州，作为千年商都，是一座非常有自己特点的城市。热爱又熟悉广州的小编们，擅长从中梳理出具有传播价值的点，以高质量的内容，宣传城市形象，打造“政”能量。

另外，我们也会结合当下网络热点，结合本地实际情况，打造兼具广州特色和网络热度的爆款作品。

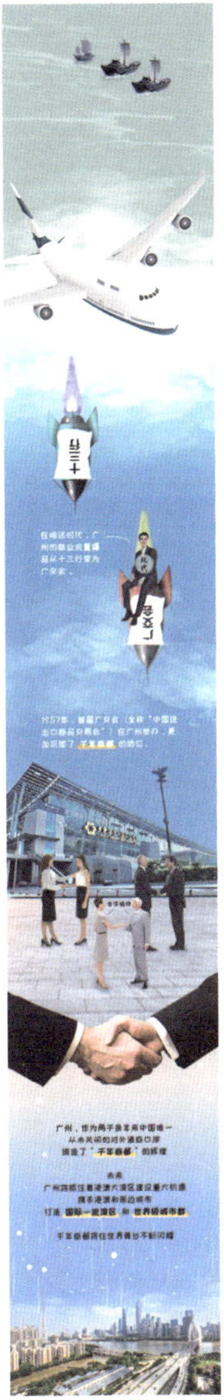

广州“千年商都”城市形象宣传海报

政务编辑日常运营要“费尽心思”

“中国广州发布”编辑团队会定期举办“头脑风暴策划会”，除了上文提到的两篇条漫策划，还有许多经典爆款策划，也是在大家各种天马行空的点子中，最新爆款的分享中碰撞出来的。其实，在诞生条漫策划的成功案例前，中国广州发布的策划运营机制已经实施了两年。

我们将城市宣传、政务服务、便民信息、经济发展等主题策划“责任到人”，定期举办策划会，同时互相交流分享最近学习到的新案例、新玩法。

事实证明，团队协同能力就在这一次次实践中逐步形成。我们的编辑团队里，有人文案特别棒，有人沟通协调能力出色，还有人"鬼点子"特别多，这样的团队协同，能在一定程度上形成生产默契，文案制作、画师沟通、整体统筹、编辑发布等准确落实到团队各成员，能有效缩短制作周期。

此外，我们擅长从城市人文情怀与历史沉淀中找到可传播的策划点，群策群力，发挥团队的小宇宙，让创意的种子扎根在中国广州发布的团队里。

我们走心的情怀类策划最为出彩。比如获奖作品《70年广州90后图鉴》，我们以不同年代的当代年轻人的衣、食、住、行等流行元素为例，用目前最火的条漫形式来展现广州70年来人民群众生活水平的变化和城市的高速发展。以"接地气、讲情怀、抱IP"的方式，用一座城市的特质打动一座城市的人。

策划创意难，落实创意更难。我们在一次次尝试中，找到了这份工作的使命，那就是：创新形式，是为了让政务信息更有效地传播；创意无限，是为了让政民沟通更加有力。

千言万语，汇成一句话，政务策划要跟读者"走心"，我们所做的所有努力，都是为了跟广大读者来一场"走心"的交流。

2020年11月

（作者李洁茹系"中国广州发布"主编）

第三章
从0到6000的运营

一、入驻

专注权威信源，构建“最懂广东”的新媒体内容开放平台。南方号的建设，正是围绕进一步发挥主流媒体的桥梁纽带作用和资源集聚优势，运用移动互联网信息技术，全面深入地参与“互联网+政务”建设，实现从宣传政务服务到提供政务服务的转变。从建设之初起，南方号吸纳入驻的主体便是广东各地各级政务新媒体和社会团体、高等院校、卫生健康机构的官方发布新媒体。截至2021年8月，南方号的入驻数量已经超过7000家，基本实现对广东省各级政务新媒体的全面覆盖。

从2016年12月正式上线，依托南方报业传媒集团的资源聚合优势，南方号迅速扩张阵地，通过地市、垂直系统这两条主线，纵横交织，在5年的时间里，编织起了一张广东政务新媒体矩阵网。

一方面，借助南方日报在各地的影响力，与当地党委进行全面合作，推动一系列政务新媒体集体入驻南方号，对广东省21个地市、重点区县、镇街实现全面覆盖；另一方面，包括政法、教育、卫生健康、税务、市场监管、应急管理、文化旅游体育、金融等垂直系统纷纷集体入驻。除了政府机构、高校及社会团队外，南方号也逐渐探索个人号、专家号、大V号的入驻。例如：携手广东省第二人民医院、南方医院、中山系医院等开通众多名医专家新媒体号；与广州市众多中小学共同推出“名师课堂”南方号；积极牵手商业自媒体平台，邀请自媒体大号果壳、新周刊、九行、地球知识局等进驻南方号。

共建共享，服务有+
——南方+深圳入驻南方号的运营

□曲广宁

截至2021年8月，南方+深圳频道入驻南方号超过500个。深圳频道的入驻南方号呈现入驻数量多、入驻号类别丰富、入驻号内容生产能力强的特点。除了传统的政务类新媒体号外，一大批医院、学校入驻号，一批知名企业及社会组织号都以高质量的原创内容丰富了深圳入驻号的内容。

挺进深圳：首开深圳政企新媒体入驻权威媒体客户端先河

2017年12月29日，深圳首批105家政企新媒体集体入驻南方号平台。彼时，南方+客户端刚刚强势进入深圳，频道日均发布稿件近百条，每月进行十几场直播，每月流量近千万，屡创传播爆款。如当年双十一海关直播点击量300万+，深圳中学周年庆达230万+，深圳市政府领导班子换届达40万+，深圳最牛实验室系列10万+/条……深圳频道当时已成为深圳主流移动互联网舆论宣传阵地和文化传播平台。

面对约2000万人口的深圳和分众化、细分化的新媒体市场特点，南方+深圳频道亟需权威、可信、质量高的内容信源，才能更好地体现南方+客户端的权威性和服务性。南方号的建设恰恰成了内容信源的供血中心，让党政机关政务、社会团体、高等院校等官方发布号与南方⁺形成内容互动，在南方⁺深耕广东的路径中唱响深圳最强音。

深耕深圳：让南方⁺成为政企媒体发声的重要工具

首批深圳政企新媒体入驻南方号平台后，南方⁺深圳频道做了多方面工作带动更多政企新媒体入驻。

一是榜单类数据产品驱动政务平台向上生长。每周制作周榜，评选和推荐优质的南方号内容，每月发布月榜，让优质的南方号得到褒奖。定期推动主题内容创作，给南方号内容更大的传播平台。

二是组织线下交流，带动“南鹏友”群体互动。以社群运营的思维，在深圳通过线下活动，组织起深圳政企新媒体主编和小编的群体，并命名为“南鹏友”。通过不定期的内容生产训练营、南方号内容大赛等活动，带动群体互动，吸引更多政企新媒体主编和小编入驻南方号。

三是深耕连接垂直领域，带动矩阵号整体入驻。重点开拓深圳公安、深圳教育、深圳卫健等垂直领域，通过科技教育大会、听院长说、名校长访谈等联动内容生产，带动了深圳各级公安机关、众多学校和医院集体入驻。

共建深圳：南方⁺力争覆盖深圳生活更多方面

深圳入驻南方号450多家单位中，政务类南方号超过200家，教育类南方号近100家，医院类南方号近100家，企业及其他社会组织类近50家。深圳频道南方号每月流量都在数百万水平。

在重点领域的开拓后，下一步南方⁺深圳频道的南方号将向社区和商业两个领域重点发力。一是开辟“书记访谈”栏目，约访深圳各社区书记，畅谈基层治理和党建等话题，并推荐入驻南方号，打造基层组织的权威内容发布和传播平台。二是加强与商业机构的互动，通过策划线上线下评选、论坛、点赞、促销优惠等活动，带动更多商业企业入驻和使用南方⁺。同时，也让南方⁺得以覆盖市民生活的更多领域，实现线上线下的更有效互动。

2021年8月

（作者曲广宁系南方报业传媒集团深圳分社副主任、新闻总监）

群英荟萃，方兴未艾，行止鮀城再出发

□余丹

2016年12月26日，在南方+客户端搭建南方号平台两个月后，汕头20家政务自媒体集体入驻南方号平台，初步形成“南方号·汕头矩阵”。汕头也成为广东第二个、粤东地区首个启动政务自媒体集体入驻南方号的城市。

2017年12月27日，汕头百家政务新媒体集体入驻南方号，向“互联网+政务”领域的深入合作迈进一大步。至2020年8月，“南方号·汕头矩阵”推进入驻单位超过150家。2019年，“南方号·汕头矩阵”累计发稿量超过2.8万篇，总阅读量超过773万，在粤东地区已形成示范带动效应。作为运营“南方号·汕头矩阵”的主要负责人，我分享一下这四年来运营的心得。

加强与政务单位合作

必须坦诚的是，“南方号·汕头矩阵”运营初期遇到不少困难。许多南方号开通后，并没有实际运营，“僵尸号”现象促使我们加强与矩阵成员单位的沟通，加强与总部联系，及时将一些有趣的活动分享给矩阵成员。无论矩阵成员参与度如何，“南方号·汕头矩阵”每个月坚持推出影响力榜单，持续保持存在感。

另一方面，通过加强与合作共建单位在内容上的策划与输出，为其他矩阵成员树榜样，渐渐营造出矩阵内积极参与的活跃氛围，一些原本的“僵尸号”也复苏运营。

组织线下交流活动

为了更好地凝聚矩阵成员，“南方号·汕头矩阵”开始策划线下交流活动。第一次线下交流活动在2019年5月，这场新媒体培训营虽然姗姗来迟，但是效果不错。矩阵成员现场组建了“南方号·汕头矩阵”微信群，大家互相加了联系方式，在随后的日子里，大家在群内交流、分享，南方号的运营小编们铆足了劲，为每个月的月榜排名发力。

一个很明显的变化是，从2019年6月起，“南方号·汕头矩阵”月度榜单前20的排名不再是那些稳居前列的南方号，不少黑马单位也逆势突围，有的甚至直升榜首。2019年12月，在龙湖区、澄海区入驻南方⁺汕头频道的启动仪式结束后，“南方号·汕头矩阵”为龙湖、澄海矩阵的南方号运营人员和区直单位分管宣传负责人作了培训。

2020年1月10日，“南方号·汕头矩阵”举办2019年度运营交流会，矩阵内近70个南方号成员约100多人出席，矩阵内优秀南方号“今日濠江”“汕头公安”运营人员现场分享经验，给矩阵成员分享了不少可供借鉴的操作。

每月坚持评选“好稿奖”

自2018年中旬开始，南方⁺汕头频道开始发布月度“南方号·汕头矩阵”数据排名，并持续开展“南方号·汕头矩阵”“好稿奖”评选。“好稿奖”的设置是南方⁺汕头频道独创的一大特色，通过制定激励办法，对汕头矩阵内的活跃成员、优质内容进行奖励，奖金最高每月800元，月度数据排名和“好稿奖”的评选结果也会同步刊登在《南方日报·汕头观察》上。

在“好稿奖”评选的激励下，2019年，汕头矩阵各个南方号更加活跃。他们通过精心策划、讲好故事，出品了一批具有策划意识、创新意识的原创优质稿件。这些作品，有的善用融媒手段，有的善于提炼亮点，有的善于选取角度，不仅赢得了流量，也常常获得南方+首页编辑的青睐，冲进首页或热文榜。

“南岭葱葱叠翠微，方兴未艾雁鸿飞。号呼涨海群英荟，行止鮀城不肯归。”这是南方号“潮阳发布”运营人员在交流活动中即兴创作的四行诗句，满载着矩阵成员对南方号未来发展的期许，也是未来“南方号·汕头矩阵”继续进步的动力。

2021年8月

（作者余丹系南方报业传媒集团汕头分社记者）

二、融媒体后台万花筒

移动化意味着包括产品形式和产品结构在内的媒体产品的系统性升级，以及支持它们的产品思维等各方面的升级。南方$^+$客户端自主研发的南方号融媒体内容管理平台（简称“融媒平台”），打通入驻账号的内容生产全链路，实时监测内容传播路径及全网流量数据，构建以技术为主导的政媒互动新生态。

融媒平台是入驻机构与南方$^+$客户端内容协同生产的运营平台。平台为每一个南方号提供图文、视频、音频、H5等多形态内容产品的发布管理功能，还提供文章及账号阅读数、订阅数等的数据统计。依托融媒平台，南方号与入驻机构实现了双向促进的良性循环。入驻机构通过南方号融媒平台提供的工具，可以参与同题作文、首发计划、领取奖励，还可以应用素材库、其他平台内容导入等辅助生产功能。

融媒平台上线至今已4年多，随着南方号入驻数量爆发式增长，融媒平台不断适应着账号管理和南方$^+$客户端的发展，平均每个月迭代一次，在产品开发和功能优化过程中，探索出适用于政务新媒体内容生产的自主可控平台，集成南方$^+$客户端技术一体化支撑的各类专利产品。南方号融媒平台成为我们提升入驻机构活跃度的工具，南方$^+$客户端通过融媒平台为入驻号提供精细化运营服务和智慧支撑，实时监测入驻号的健康度、活跃度及互动度等成长体系关键指标，建立健康有序、积极向上运营生态。

南方号产品迭代：入驻机构传播力升级一体化解决方案

□吴枫

2016年10月，南方+客户端正式推出广东权威新媒体平台——“南方号”。至今，南方号产品已迭代大大小小近50个版本。南方号的发展可以分为两个时期：探索期和发展期。探索期，是产品从0到1的过程，主要解决从无到有的问题，例如如何让机构快速入驻平台，如何让入驻的机构自己发布内容，如何让读者用户看到南方号内容等。这一时期的主要工作为搭建产品的基础框架。而在发展期，产品主要在做从有到优、从有到精的工作，一方面将已有的功能进行升级优化，提高用户体验，另一方面抓住用户痛点，解决用户核心需求，提供入驻机构传播力解决方案。

探索期

2016年10月，伴随着南方+客户端3.0版本的更新，南方号产品正式上线，也开启了南方号产品的探索期。探索期主要工作为搭建产品框架，完善平台建设。这一时期，产品的升级迭代围绕着三个关键词：入驻、发布和呈现。

入驻。南方号产品刚上线时，第一批入驻的南方号是使用邀请制的，没有对外开放申请入驻的入口。为了让更多的机构入驻南方号平台，2017年4月，南方号推出融媒体后台，对外开放自主申请入驻。机构可通过后台填写相应资料，申请开通南方号。随着南方号入驻工作的开展，入驻功能也在不断优化，入驻效率和便捷性不断提高。

发布。入驻后，用户可通过融媒体后台发布文章和管理南方号。发布是用户最常用的功能，因此在融媒体后台上线后，针对发布功能进行了多次升级，平台推出图文、图集、H5等多种发布类型及随撤随改功能，还提供微信文章导入等功能，减轻用户工作量，提高工作效率。

呈现。南方号发布内容之后，怎么才能让读者用户看到呢？为了解决这一问题，先后上线了南方号主页、南方号频道，作为南方号内容呈现的主要承载器。并开始逐渐将南方号内容在南方⁺客户端中扩散，在首页、各城市频道、各系统频道中进行呈现，初步构建起南方号内容的分发体系。

发展期

2017年10月，经过一年时间的快速迭代，南方号已构建起初步的产品框架，开始步入发展期。在这一期间，南方号产品建设以抓住用户痛点、解决用户核心需求为方向，将工作重心从平台自身建设转移到用户身上。而对于南方号的入驻机构用户，其核心需求主要体现在三个方面：一是怎么更方便高效地管理南方号；二是怎么让目标用户看到自己的南方号；三是怎么让读者用户成为自己南方号的粉丝。针对这三个方面的核心需求，南方号的产品迭代集中在以下三点：

升级融媒体后台，提升内容生产与运营能力

平台需要有不断优化自身的能力，才能满足用户的需求，更好地

服务用户。在这三年中，南方号通过持续地升级内容生产运营工具和完善用户生态，解决用户管理南方号的需求，让用户快速适应平台、快速成长。

2017年4月，南方号推出了融媒体后台，为用户提供发布、管理文章的功能。经过三年多与用户的反复沟通和打磨产品，南方号融媒体后台已成为用户的得力工具，能帮助用户更好地运营南方号，提升工作效率。

对于入驻的南方号用户，融媒体后台除了发布文章外，还推出了以下功能：

数据统计。提供详细的数据统计，包括阅读数、评论数、订阅数等，方便用户了解运营情况，及时调整运营策略。

运营工具。提供各类辅助运营的工具，例如投票、私信、评论、自定义菜单、多栏目、直播等，让用户可以变着花样运营南方号。

辅助生产。提供各类辅助内容生产的工具，如热点推荐、同题作文等，让用户更高效地生产内容。

除了南方号创作后台的一些生产运营工具升级优化外，南方号还在不停地完善用户体系，激励处于不同阶段的用户在平台中快速成长。

用户体系。用户体系的核心是南方号指数。南方号指数是根据各南方号的发布量、浏览量、订阅数、分享数等数据，综合考虑文章原创度、首发、各指标平均数等情况，经过加权计算获得的数值，可以客观反映南方号在一定时间段内的综合表现。根据南方号指数的高低，用户被分成不同级别。而不同级别的账号将享受不同的权益、待遇。每一级别都有明确的标准，通过设定一些与产品核心功能相关的指标，让用户去完成一些任务，一步一步来引导用户，培养用户习惯，使不同级别的用户都向上流转。

优化分发，提高内容曝光度

在帮助用户提高内容生产能力的同时，南方号平台也致力于优化内容分发机制，提高分发能力，从而提高内容的曝光度，将信息传达到最大范围、最精准的目标用户手中。内容分发本质要解决的问题包含两点：高效地连接人与信息；过滤出有价值的信息，让合适的人看到合适的信息。在分发机制优化方面，南方号做了以下尝试：

编辑推荐。从纸质报纸杂志到广播电视，再到新闻客户端，尽管信息传播的载体发生了变化，但是内容传播始终保持着中心化分发。具备专业背景知识的编辑会从海量内容中对文章进行过滤和筛选，将优质内容推荐到客户端的对应频道及位置。当重点新闻发生时，编辑会验证真实性，确定推送范围和推送级别，第一时间将内容推送到用户手中，为了不错过每一条值得用户关注的内容，让用户能够更准确快速地获得最新的消息。

智能推荐。南方号的智能推荐结合内容推荐、协同推荐、新热推荐等多种算法，将南方号的内容推荐给用户，实现千人千面，将更多优质内容精准地分发到目标用户手中。同时，根据算法衍生出一些其他形式的推荐产品。如南方号人气榜、热文榜、矩阵。2018年4月，人气榜上线，其根据南方号整体的人气值给用户推荐当前最热的南方号。热文榜则是根据文章的传播效果给用户推荐当前最热的南方号内容。2018年10月，矩阵功能上线，其则是将同区域、同领域的南方号发布的内容进行聚合展示。

多平台分发。除了在客户端内进行内容分发，南方号还与第三方平台合作，将优质内容输出到各大平台，实现一点接入、多平台分发，极大地提升内容的曝光度，扩大影响力。

拉新引流，提高粉丝转化率

除了通过正常的内容推荐和南方号推荐方式来吸引读者用户订阅南方号，还通过与入驻机构项目合作的方式，拉动入驻机构背后的垂直领域的读者用户订阅南方号。

南方号的入驻机构用户，大部分是政务机构，而一些垂直领域的机构，本身便自带流量和用户群，通过与其合作获取其对应领域的用户群，为平台带来新用户和流量。例如与广东省教育考试服务中心合作的阳光招考项目，平台为其开发了一套招生线上咨询系统。教育考试服务中心通过该系统组织了几百所学校通过其南方号举办线上高考咨询会，为南方号带来了大量的学生、教师、家长用户。

经过四年多的打磨，南方号的产品迭代得到了很多用户的肯定。未来，南方号将继续以用户为核心，在产品形态和功能上尝试更多的可能性，努力提升用户体验。

2021年8月

（作者吴枫系南方+客户端南方号运营中心产品经理）

三、影响力Max（打榜）

南方号平台自上线以来，备受社会各界关注，广东各地市各垂直系统政务新媒体以矩阵形式入驻南方号，南方号入驻数量、内容生产量、用户阅读量等关键数据不断攀升。为进一步加强南方号平台数字化应用，提升广东政务新媒体建设能力和水平，2017年3月，南方日报、南方+客户端发布南方号影响力排行榜，通过监测每一个南方号的发布数、阅读数、订阅数、分享数等关键数据，并综合考虑文章原创度、首发、各指标平均数等多个指标建立“南方号指数”，从而建立南方号生命周期档案及成长型平台生态坐标。

经过4年多的快速发展，随着南方号平台基本盘不断扩容，跟踪监测南方号影响力排行榜的“传播力、影响力、效果反馈”，不断完善优化南方号指数的底层数据与模型分析能力，不断迭代升级榜单容量和形式，丰富榜单产品种类和应用场景。2017年3月首次公布月榜时，南方号影响力排行榜由总榜（前200）、省直分榜和地市分榜三个部分组成。2018年，南方号21地市及22个垂直系统矩阵加快推进，通过南方号影响力排行榜的指标作用和杠杆效应，推动矩阵入驻全覆盖，同年9月，南方号运营中心联合日报各业务部门，开始发布地市及系统分榜单，截至2021年8月，每月分榜单超30个，佛山矩阵实现全市全区榜单集体呈现。

2021年4月，广东省政法委联合南方日报发布广东政法矩阵南方号影响力排行榜，该榜单以季度为周期进行指标统计。此外，南方号榜单类产品库还包括每周热文榜、话题榜等，如两会期间推出“两会排行榜”；疫情期间推出“战‘疫’指数排行榜”。

南方号影响力榜单产品库已成为平台运营重要抓手，上榜作品及南方号将根据榜单所属项目的奖励机制进行长尾运营。激励包含推荐上南方+客户端首页、频道、策划联动等流量扶持，年度奖项评选参考依据，直播、栏目合作等平台赋权，优先体验平台新产品新功能等，南方号平台携手入驻政务机构新媒体构建的政媒互动新生态更丰富多元、绿色健康。

关于“茂名发布”霸屏南方号前十的干货锦囊，请接好

□柯柱基

自进驻南方号以来，“茂名发布”已连续三年斩获广东政务新媒体影响力及传播力奖，并长期霸屏南方号影响力月度排行榜前十。“茂名发布”是茂名市委、市政府的官方发布平台，始终围绕政务公开、舆论引导、服务民生等主题，创新文体风格、编排方式和传播渠道，打造优质内容，深受市民的喜爱。那么如何生产出“刷屏之作”？有什么运营“秘籍”，让“茂名发布”保持热度与关注度呢？总结“茂名发布”运营经验，主要有以下几点。

匠心策划+权威发布，“讲”好茂名城市故事

茂名是一座魅力之城，也是一座活力之城，更是一座潜力之城。特别是开展“四城同创”以来，茂名发生了许多大变化。“茂名发布”立足本地，发布了大量介绍茂名旅游景观、好人好事、“四城同创”带来新变化的文章视频，梳理总结茂名在政治、经济等领域登上央视新闻的诸多成果，聚焦宣传城市活力之美，强化市民对城市的认同感和归属感。

借助大型活动“讲”好茂名城市故事。2019年以来，“茂名发布”以“我为创森加油”大型创森宣传活动为契机，贯穿活动筹备、

举行等环节，精心制作了系列图文，将化州、电白、信宜三地的创森成果、生态美景生动全面地展现给读者。

快速反应+高效发布，“唱”好茂名应急之声

一直以来，“茂名发布”在突发事件的舆情引导和应对上，均展现出政务新媒体的责任担当和专业报道能力。针对自然灾害或社会热点等舆情事件，“茂名发布”第一时间发布权威声音，让官方权威声音引领网络舆论场。

如2019年10月12日22时55分，广西壮族自治区玉林北流市发生5.2级地震，震源深度10公里，茂名地区同时出现比较强烈的震感。“茂名发布”第一时间启动应急响应，掌握实时信息，上下联动快速反应，以推送“三步走”向社会发布最权威、最准确信息，回应广大群众关切，收到了良好的社会效果。

第一步：证实地震信息并第一时间发布。“茂名发布”对接市三防办，经过官方核准后，在当晚23时25分推送出快讯《刚刚，广西玉林北流市发生5.2级地震，广东多地有震感》。第二步：及时辟谣，让群众安心。针对各微信群谣言散播，“茂名发布”立即与市三防办、市应急管理局、市地震局对接核实，在13日0时19分发布了权威的《官宣：广西北流发生5.2级地震，茂名市民不必恐慌》消息，做到了第一时间辟谣，让市民精准详细了解地震实情。第三步：及时发布地震伤亡情况和警方对谣言的处置消息，满足群众知情权。

广接地气+关注民生，“走”好网上群众路线

政务新媒体，要以“政”为本，从“媒”做起。我们意识到政

务新媒体的最大优势在于互动性，要保持自身活力，必须走好网上群众路线，善于倾听网民声音。与传统媒体相比，“轻阅读”是新媒体的特点，“茂名发布”时常研究讨论最新的融媒体产品制作技术、图文编排样式，推出的H5、一镜到底长图、图解等融媒体产品皆有不俗反响。

2020年11月

（作者柯柱基系“茂名发布”主任）

传递“政”能量，讲好惠州故事
——“惠州发布”的南方号情缘

□林正淳

2016年10月21日，“惠州发布”作为惠州市的官方发布平台，成为首批入驻南方+客户端的南方号。此后的1000多个日夜，“惠州发布”和南方号平台携手共度，共同发声，借助南方号平台在政务信息发布的优势，惠州好声音传播得更广，更多网友通过“惠州发布”南方号这个窗口，认识惠州，了解惠州。在这里，简单分享一下“惠州发布”的“心路历程”和打榜经验。

发布权威资讯，讲好惠州故事

好的内容是传播的不二法宝。惠州有5000年文明史和1400多年的建城史，是国家历史文化名城、全国文明城市、全国优秀旅游城市，自古人文荟萃，拥有较具特色的地方文化，如客家文化、东坡文化等，保留有一大批非物质文化遗产。

在惠州龙门县蓝田瑶族乡，有一项独特的祭祀仪式“舞火狗”，传承至今已有300年历史，身捆黄姜叶、山藤，头戴插着香火的竹帽的瑶族少女，装扮成“火狗”，翩翩起舞，驱邪纳吉，宣示成年。“舞火狗”传统源于当地瑶族的图腾信仰。相传，瑶民先祖靠狗奶养大，为了永远记住狗作为“再生之母”的恩德，便在每年农历八月十五的中秋节之夜，举行“舞火狗”活动。“惠州发布”推送的《中秋，惠州又见瑶家“舞火狗”》，讲述了一个如梦如幻的故事，带网友了解惠州独特的传统文化。类似的案例还有许多，在南方号平台上，惠州的历史文化、美景美食、城市新貌被广泛推送，受到广大网友的喜爱。

重视话题策划，打造爆款文章

都说新媒体运营要学会蹭热点，其实对于政务新媒体来说，优质的内容策划，一样可以提升自身的影响力和传播力，让网友印象更为深刻，当然，最重要的前提是要找准热点与自身职责定位的契合之处。电视剧《长安十二时辰》热播时，“惠州发布”也借势推出《惠州十二时辰，你若来，一定爱！》，通过捕捉关联点，在内容包装和设计上进行创新，带领网友感受惠州十二时辰的魅力，实现“热点话题+城市宣传”的巧妙融合，创造了新的热点。

“惠州发布”十分重视话题的策划，一方面严格甄选主题，确保内容符合“惠州发布”定位，弘扬正能量；另一方面巧妙使用“网言网语”，在行文风格上更接地气，制作一些适合新媒体阅读的内容。

强化平台联动，放大宣传效应

目前，南方号已经成为“惠州发布”的首选发布平台。为了实现更大的宣传效果，“惠州发布”积极策划原创内容，推送南方+首页，增加曝光度。由于南方号平台每天无发稿量限制，编辑24小时在线，一些优质的内容通过编辑可以第一时间向南方+首页推荐。一旦被首页收录，就能够更加有效地加大稿件的曝光量，吸引更多人关注。另外一个是联合策划，南方号平台会根据热点定期推出一些策划话题，这对于经常因为没有策划而挠破头的政务新媒体小编们来说，简直是及时雨一般的存在。“惠州发布”积极参与南方号平台的各类活动，在一些重大活动的时候，还联合南方号平台共同开展策划，有效扩大了信息的覆盖面和影响力。

实战指导圈粉

南方+客户端为入驻单位人员搭建了线上线下相融合的交流沟通渠道，将同地域或同系统的政务新媒体小编组织起来，搭建线上即时沟通平台，目前已有近百个分矩阵广东政务小编核心社群。此外，南方+还会不定期举办线下活动。从最早的南方号入驻活动，到后期的交流营、研讨班，为政务小编创造互相交流学习的机会。

2020年是全面建成小康社会和“十三五”规划收官之年，也是脱贫攻坚决战决胜之年。结合这一特殊时间点，南方日报联合南方+客户端启动“走向我们的小康生活”新媒体爆款大赛活动，面向全省各级南方号征集新媒体作品，展现广东脱贫攻坚工作的发展成就，展示广东人为小康生活勤劳奋斗的精神风貌，记录奔小康路上的闪光点滴，共同走向我们的小康生活。为此，南方日报、南方+客户端举办“走向我们的小康生活”新媒体宣传研讨班，邀请省农业农村厅相关负责人、南方报业名记名编出席授课，介绍“走向我们的小康生活”新媒体产品生产技巧，收获参会南方号小编的一致好评。

通过线下实战，一方面能让南方号小编面对面交流，交换心得体会，针对实战技巧、舆情热点进行深刻讨论，分享各类新媒体运营干货，在重要决策发布、破解谣言时，将声音横向到边、纵向到底，从上至下直达每一层用户，拉近南方号与小编的距离。另一方面方便南方⁺搜集各方意见和需求，为产品的优化升级提供指引，更好地服务用户。同时，也能发挥南方报业主流媒体的专业传播能力，将之前零星散落的各级政务新媒体聚合起来，唱响广东政务新媒体最强音。

2020年11月

（作者林正淳系“惠州发布”主编）

南方的力量

□李华炎

2008年我大学毕业，进入南方日报成为一名记者，2014年离开，一晃已经六年了。

在这六年期间，迅猛发展的互联网改变了世界。曾经熟悉的南方，也早已从纸媒脱胎换骨，搭建起“一报一刊一网一端”的主流媒体立体化传播新格局。定位“最懂广东”的南方号更是“一号风行”，成为政府机构和群众网民“两头满意”的权威资讯平台。

因运营“中山发布”的缘故，2016年起我再次与南方结缘，成为南方号一名“编外记者”。尽管前后两次身份不同，接触的领导和同行也都变了，但在日常交流中可以感受到，南方报人对新闻事业忠诚和执着的文化基因，对干事创业的激情与梦想，在新一代南方报人的身上得到了很好的传承。

讲两个小故事。

2019年，在筹备广东政务新媒体论坛过程中，南方号团队邀请省内一众政务新媒体同行到广州总部“碰头”，商量如何办好这个论坛。我也是受邀者之一，从中深切感受到了南方报人对工作一丝不苟、精雕细镂的精神。在整个座谈交流过程中，南方号团队始终虚己以听，认真记录下每一个人的意见建议，现场就把很多好的点子吸纳到活动方案中。作为一个执行力很强的队伍，他们一定是谋定而后动，早已经对活动有了策划和执行方案。而这一次交流，他们全程以听为主，从参与者的角度出发，探讨如何更好地提高活动的体验感。办一场大型活动已经很不容易了，还想得如此周全细致，努力做到极致，这就是南方的文化基因吧。

还有，在我众多微信群里，南方号工作群的信息是最多的。无论是首页选登的文章还是平台影响力排名等大小信息，都会第一时间“送货上门”，南方的服务贴身到位。作为地市的宣传工作者，我们都希望本市的信息能在省级平台上实现更好地传播。南方号的老师们相当给力，几乎是“有求必应”。无论是节假日还是凌晨，只要有人在群里“呼叫”，必定第一时间回应，并迅速通过审核，内容有问题也会悉心指导修改。作为用户的我们，对此深受感动。时刻把用户的小事当成自己的大事，这也是南方的文化基因吧。

2015—2020年，下载量逼近7000万，入驻机构达到6800个，南方+取得的非凡成绩绝非偶然，背后凝聚了无数南方报人的心血和汗水、执着与追求。

在互联网时代，舆论格局已经并将继续发生深刻变化。而我相信，无论时间如何变迁，广州大道中289号依然会是新闻人追求理想和实现梦想之地。这就是南方的力量。

2020年11月

（作者李华炎系“中山发布”执行总编辑）

运营“开放生产月”就是运营“东莞矩阵”

□林群贤

2017年5月11日，“南方+媒地共建暨南方号·东莞矩阵”启动仪式在东莞举行，包括“东莞发布”“文化莞家”在内的66个政务新媒体作为东莞地区的首批用户，入驻南方+客户端的南方号平台。南方号在东莞正式落地。

自此，“南方号·东莞矩阵”不断延展与扩容，2017年入驻单位突破100家，2018年增长近200家，截至2019年11月，数量已超过470家。其中，东莞多个政务系统与镇街以集体入驻形式统一开通南方号，构建起政法、教育、卫健、人社、国资、政务服务，以及松山湖、长安、虎门、大朗、黄江、石排、东坑等多个子矩阵。

这些政务新媒体入驻以后，南方号平台能为它们提供什么？它们的加入又能为南方+带来什么？从一开始，这就是摆在我们面前的重要课题。

探路开放生产，抓准基础需求

在新媒体时代，南方+平台的建成实现了“容量无限”，传统以依托记者编辑为主的生产惯性需要向开放生产转变。南方+在各城市发力频道共建和打造南方号矩阵，给了我们充分挖掘入驻南方号的内容生产能力、与南方+记者编辑协同内容生产的创新融合机会。通过流程再造、交互生产、协同创新，以南方号平台的特性与优势赋能政务新媒体的同时，也为南方+发展提供强有力的支撑，这既是开放生产、互动生产的深度价值所在，也是我们运营的内在需求与最终目标。

2018年，南方日报东莞办事处策划设立“开放生产月”，推出“南方+无限——东莞政务新媒体开放生产月活动”，以季度为期举办多次线上线下活动，专门针对开放生产进行深度探索实践。要实现开放生产，必须先打通生产的关节，这也是绝大多数政务新媒体的基础需求。因此在第一阶段的探索中，我们将重点放在提高南方号小编的内容生产能力、传播策划能力以及团队凝聚力上，旨在建立一支更加专业、更加活跃的新媒体通讯员队伍。据统计，第一季“开放生产月”活动前后共吸引了近400人次参与，受到小编们的热烈欢迎和点赞，并与大部分南方号小编建立了双向互动通道。

突出趋势引领，撬动传播势能

从图文、动态海报、H5到小屏直播、短视频、Vlog，随着技术的迭代更新，新媒体内容生产也变得越来越移动化和产品化。我们的开放生产探索，同样要紧跟发展趋势，让新媒体小编从传统的选题、整合素材、编发稿件中跳出来，进行以精炼传播内容、优化传播路径为引领的政务新媒体移动化内容生产。

“南方号·东莞教育矩阵”亮相后，以“品牌学校培育对象校园开放日”直播系列为代表，小屏直播在南方号版图延展至东莞各中小学校的同时，也让这种传播形态深入校园，成为东莞教育宣传的一个重要途径。

以网络直播、投票评选、H5、短视频等为代表的移动化内容产品，实现东莞政法传播资讯的“软解读”。其中，东莞市公安局南方号与南方+合作的“东莞铁骑”投票评选活动累计流量超过1300万，累计评论6000条。东莞市委政法委南方号“东莞政法”与南方⁺合作的“平安文化LOGO征集”“反邪达人知识竞赛”等活动，东莞市“智网工作”领导小组南方号“智网东莞”与南方⁺合作的网格管理员业务知识技能竞赛直播及相关报道等，都引发了广泛关注。

从选题策划、过程执行到内容输出甚至出镜直播，这种交互式的移动化内容生产，让政务新媒体从过去的“自己做”或是“提要求”逐渐转变成“一起做”，使新媒体小编及相关通讯员真正参与其中，触碰到开放生产的成果。

全面升级完善，打造开放平台

经过两年多的运营，“南方号·东莞矩阵”已经形成一定规模，各子矩阵也逐渐实现常态化运营，涌现出不少运营标兵。因此2019年的沙龙活动以矩阵形式开展，更加聚焦于垂直领域的新闻采编培训。在组织线上线下各类活动的同时，我们也在思考，如何通过机制设计让开放生产的触角延伸到更多政务新媒体，让开放生产的探索更加深入，让其价值体现更为直观。对此，我们计划在过去一年多以来实施的“南方号优质原创内容奖励计划”的基础上，对“南方号·东莞矩阵”的运营情况进行梳理总结，结合现阶段开放生产面临的难点、重点和未来方向，制定“南方号·东莞矩阵”开放生产培育计划。通过分季度、分批次、定标准的培育机制，让开放生产更具针对性、稳定性和发展性，真正让东莞的政务新媒体在南方⁺上创造无限可能。

2021年8月

（作者林群贤系南方报业传媒集团东莞分社记者）

第四章
不断扩大的朋友圈

一、打通内部平台

南方号是媒体行业首创专注于政务信息的开放生态平台，依托于南方+客户端党媒党端的定位，在媒体融合向纵深发展的格局背景下，聚合集团内部资源，以平台为载体，将南方杂志、南方网、南方都市报系、南方周末报系、南方农村报等优质新闻产品在全端进行智能分发，形成全方位、多渠道、立体化传播新格局，是南方报业传媒集团内部深度融合的一种外化标杆。

南方号运营关键词为“政务资讯、智慧党建、生活社交”，且兼具广东特色和岭南传统文化的属性，集团旗下各报系有着自身独特的定位和品格，深耕政治经济文化各领域，聚焦国内外热点话题。南方号的聚合能力，不是简单的内容采集和分发，而是通过技术赋能、资源整合、数据优先进行一体化统筹，实现各报系的内部平台互联互通，从新闻产品供给侧入手，强化用户意识和产品思维，优化呈现方式，使正能量暖新闻点面开花，顺应互联网发展趋势，主流媒体坚守舆论主阵地，凝聚融媒“四力”，助力主旋律传播更高昂，为实现中国梦提供强大的精神力量和舆论支持。

纸媒转型需要自主可控的强大平台
——记“南都财经早评”与南方$^+$的融合

□谢艳霞　张锐

今天这个时代，传统媒体转型已是必然的选择，但在转型路径的探索方面各有不同。集团领导曾经总结过，传统媒体向新媒体的转型必须依靠传统媒体的自身优势，共享家底与资源。南方报业的做法是在报、网、端打造媒体新生态，最大程度集约资源，使优势最大化。“南都财经早评”与南方$^+$的合作，正是符合集团转型路线的范例之一，同时也证明了集团打通内部平台融合发展的正确性与必要性。

“南都财经早评”是面向中高端投资者的一个音频产品，是报社“移动优先”战略的成果之一，也是南都财经新闻部的重头戏之一。产品设计初衷是投资者每天早上花几分钟时间，通过音频了解市场最重要最热门的动态。这个产品从筹备到上线，经过了两个月的反复调整与打磨。其间数百人次参加了内测，内测人士正是“南都财经早评”的目标对象——对投资有需求的中高端人士。根据多次内测反馈结果，我们从内容到播出方式都作了大量调整，最终形成现有模式。后来的情况充分证明，这个模式有其合理性，从内容制作方面看，具备成功的条件。

这个产品的内容部分成型之后，另一个重要的问题就是传播平台，南方$^+$是当仁不让的首选。南方$^+$是广东省委、省政府权威移动发布平台，内容“多、快、新、近、实”特征明显，日活数以百万计。南方$^+$对我们的吸引力主要有三个方面：第一，影响力。南方$^+$的属性决定了它的影响力，尤其在广东及华南地区。这种影响力具备不可替代性，用投资术语来讲，南方$^+$的“护城河”极其强大。第二，定位。南方$^+$的读者对象是中高端人群，跟“南都财经早评”的目标定位一致。第三，尤其重要的，南方$^+$是南方报业传媒集团自主可控的传播平台，这一点跟市场上众多的商业平台完全不同。“南都财经早评”在喜马拉雅正式上线后，很快就在600多个财经节目中脱颖而出，综合排名前三，评分第一，单集播放量多次突破10万。但喜马拉雅调整经营策略后，对进驻的头部媒体影响很大，对财经类媒体影响尤其严重。喜马拉雅作为一个商业平台，调整经营策略无可厚非。但这个经历让我们切身体会到，有一个自主可控的强大传播平台何其重要！

回过头来看早评在南方$^+$的待遇，完全不同。集团大力践行内部资源融合战略，南方$^+$基本是把“南都财经早评”当成自己的内容，每天一早签发，每天给予首页首屏黄金位置。之后更收入南方$^+$的“新闻早班车”，全网推荐。南方$^+$的重视对“南都财经早评”的有效传播帮助很大，从数据上看，“南都财经早评”的点赞很快上升到每天四百多——这是完全符合早评定位且毫不掺水的数据，含金量非常高。

“南都财经早评”登录南方$^+$，从一开始就极其顺畅，各方面领导对这个合作给予大力支持。南都总编辑在听取财经新闻部汇报并详细了解情况后，第一时间与南方号平台沟通，初步达成一致。随即，南都编委、财经新闻部主任与南方$^+$客户端副总编辑、首席内容官迅速对接，建立了双方合作的工作框架与基本流程。早评在南方$^+$正式上线之后，双方很快再次对接，就上线情况及流程中的问题及时作出调整。我们在与南方$^+$的合作过程中，充分感受到他们锐意进取、积极创新的精神和认真负责的工作态度，各个环节沟通流畅，流程简洁高效，人员反应及时。

作为内部融合的一部分，南方+对“南都财经早评”视同“一家人”，正式上线之前就对早评相关人员组织培训，了解、熟悉南方+后台操作流程；并组建了工作群，双方编辑团队群内对接，及时处理稿件及流程各环节的问题。“南都财经早评”在南方+从交稿到审核的工作流程很快就基本固定，省时省力。此外，“南都财经早评”现在也加入了南方+技术支援工作群，可以及时了解后台变化情况，遇到问题也能很快得到技术支持。为了进一步提高效率，南方+不定期开设后台操作技术讲座，分享工作技巧与技术心得，对我们团队的技术水平提升帮助很大。

2021年8月

（作者谢艳霞系南方都市报社编委委员、奥一新闻CEO，张锐系南方都市报财经新闻部记者）

以“党建南方号集群”为抓手，全力构建全省党建宣传报道新媒体矩阵

□刘树强　林琳

2018年8月1日，在集团支持下，经过精心筹备，由南方杂志社牵头承建的“党建频道”在南方+客户端正式上线。南方+党建频道也成为省级新闻客户端里率先开设的党建专业频道，频道立足党刊特点、党建特色，为打造最专业的党建传播平台提供了有力支持。

2018年11月22日，韶关市始兴县23家党建新媒体集体入驻南方+党建频道，开启了“智慧党建”新时代，也由此拉开了党建号矩阵入驻党建频道的大幕。

“党建南方号集群”开启“智慧党建”网络阵地新时代

近年来，广东各级党组织不断探索基层党建新路径，积极利用互联网和现代信息科技创新党建工作模式，推动党建与新媒体深度融合，不断健全“智慧党建”相关工作机制，加快推动党建网络阵地建设，使基层党建工作抓得更紧、落得更实。

“党建号集群”是南方+党建频道着力抓住优势凝聚传播资源，与时俱进把握传播规律，直面需求创新传播形式的抓手。早在党建频道开通之初，就创造性地将南方+客户端中50多个跟组工、纪委等相关的广东本地党建号进行整合，组成党建号集群，同时邀请各地、各部

门、各单位组工号入驻集群，发挥集群共享资源、做强效能的优势，进一步实现党建内容资源共享，挖掘党建频道核心价值，增强影响力，打造好党建品牌。

短短2个月内，韶关始兴、韶关翁源、韶关新丰、汕头潮南、汕头澄海、清远阳山、清远清城、清远连山、惠州龙门、江门江海、揭阳普宁、吉林大学珠海学院、揭阳揭东、广智集团等14个县（市、区）及高校、国企243个党建新媒体集体开通了南方⁺党建南方号，成为首批入驻南方⁺党建频道的“党建新媒体矩阵”，标志着广东省党建网络阵地建设迈出了新的一步。目前，入驻数量仍在继续增加。2019年1月，在南方报业传媒集团主办、南方⁺客户端承办的2019年广东政务新媒体论坛暨南方号运营者大会上，党建频道“南方号·始兴党建矩阵”荣获2018广东政务新媒体年度最具传播力矩阵奖。

广东省委组织部副部长武延军对南方⁺党建频道表示肯定，他评价道，南方⁺党建频道“很有特色，内容鲜活、有针对性，可读、实用，对基层党支部工作有指导意义”。

挖掘核心价值，实现党建宣传资源共建共享

各地“党建新媒体”陆续入驻南方⁺党建频道形成矩阵，是南方⁺党建频道区域影响力与服务能力双提升的重要体现。

党建南方号矩阵充分利用网民熟悉的表达方式准确传递各地党政声音，实现了双向结合的网络传播模式，横向以地域为划分，纵向以各地组织部、各单位党委（组）统领基层党组织，还与相关微信公众号关联链接，实现内容共建、信息共享，以小指尖实现大党建，让党的创新理论“飞入寻常百姓家”，推动新时代信息化党建工作高质量发展。

专注党建领域是在细分市场中寻求差异化优势的重要突破口。南方+党建频道与入驻的南方号紧密联系，多点互动，专注广东党政要闻，全天无间断推送稿件，即时跟进党建动态、各地党建经验、党建精品案例等。同时着力落地、落实，加强与省内各地各级党政部门、机构发布平台合作，通过打造基层供稿机制，逐步聚合资源，以更丰富的平台、更优化的结构、更先进的技术、更贴合时代的观念，致力于打造广东最专业的党建全媒体传播平台。

守正创新，新媒体联动宣传取得实效

南方+党建频道与入驻的南方号，形成了一张强大的全省宣传资源网，为主力军全面挺进主战场提供了强大的支撑，更为策划、宣传、报道提供了强有力的基层资源和切入口。

突出权威性。“一把手谈文明创建”“县委书记谈党建”“纪委书记谈党建”“组织部长谈党建”等栏目是党建频道与入驻南方号打造的重磅专栏，既突出权威专访，又精准对接，宣传效果良好。

突出功用性。“小南说案”“南方微学堂”“错别字别错”等专栏，“‘党的组织生活制度’动漫学堂”系列宣传片，运用多种新媒体技术手段，形式活泼，寓教于乐，在党建全矩阵传播开后，深受欢迎。

突出服务性。服务大局是党建南方号集群的鲜明导向，“战‘疫’”系列视频、《声援“疫”线》、《最美第一书记》、《扶贫漫记》及“战‘疫’英雄”系列微动画等新媒体产品，都是重大事件、重要节点推出的主题宣传，收到良好效果。

在建党百年的重要历史节点，党建南方号集群作为党刊宣传报道的重要组成部分，专题展示各地党史学习教育亮点，以红色村等为切入口推出融合创新的VR（虚拟现实）全景报道产品，进一步增强用户黏性，合力形成强大的传播效果。

借助党建南方号集群的平台资源优势，2019年南方杂志社举办的首届广东基层党建创新案例征集遴选活动，得到了全省各级组织部门和基层党组织的热烈响应，基层党建创新案例遴选活动成功举办，充分利用党建频道做好相关报道策划，实现媒体融合下的新生态联动传播，也为广东推进基层党建工作提供更加坚强有力的宣传舆论支持。

通过南方号这一广东政务新媒体强大聚合平台和流量入口，南方杂志社全力构建全省党建宣传报道新媒体矩阵。“党建南方号集群”进一步发挥主流媒体的桥梁纽带作用和资源集聚优势，全面深入地参与广东省“互联网+党建”建设，不断为各级党组织提供更专业、更精准的党建服务和产品。

2021年8月

（作者刘树强系南方杂志社全媒体发展部副主任，林琳系南方杂志社全媒体发展部主任助理）

二、学习强国的引流

为了提升“南方号平台”与学习强国“广东学习平台”内容契合度，充分发挥南方号平台在聚焦改革开放再出发、岭南文化创新发展、展现粤港澳大湾区建设等选题上的策划优势，南方号平台通过组织爆款大赛、同题作文、主题约稿等主题活动，发动南方号矩阵力量持续向“广东学习平台”推荐优质内容。

同时，南方号各矩阵积极发挥内容整合能力，对标“广东学习平台”各子栏目不断创作优质作品。南方号公安矩阵原创反诈视频，多次登上“视频荟萃”栏目；南方号文化旅游矩阵发布的展现广东美丽风景、岭南文脉主题文章被“大美广东”“人文广东”采用；南方号三农矩阵聚焦全省深入实施乡村振兴战略，推进农业农村现代化的举措和成效等内容，与“乡村振兴”栏目实现积极互动。

目前“广东学习平台”与南方号平台已经建立起系统的推荐机制，两个平台之间频繁的互动激励着各级各类政务机构南方号不断生产优质内容，通过“广东学习平台”和南方号平台，讲好广东故事，传递广东声音。

不仅是学习强国平台，南方号平台的内容通过南方+客户端的第三方智能分发系统，进入网络空间，成为唱响主旋律的主力军。

学习强国，我们来了

□广州从化发布

“学习强国收录啦！”2020年4月的一天，“南朋友”又给我们“发糖”了，我们原创的一篇图文《一名“追花人”的从化“游牧生活”》继前一天配以大标题登上“我要上首页·南方号今选”后，再次通过南方号编辑的推送，登上了学习强国“广东学习平台”。这篇真情实感接地气的报道，受到了编辑和读者们的点赞。

4月正是荔枝花开的时节，也是养蜂人集体“追花”的时节，从化作为荔枝种植大区，每年荔枝花开期间都会吸引一大批“追花人”来此安营扎寨，携蜂采蜜。我们采访了其中一名来自浙江宁波的“追花人”汪海华。一年四季，他像候鸟一样南来北往，为了跟着季节追

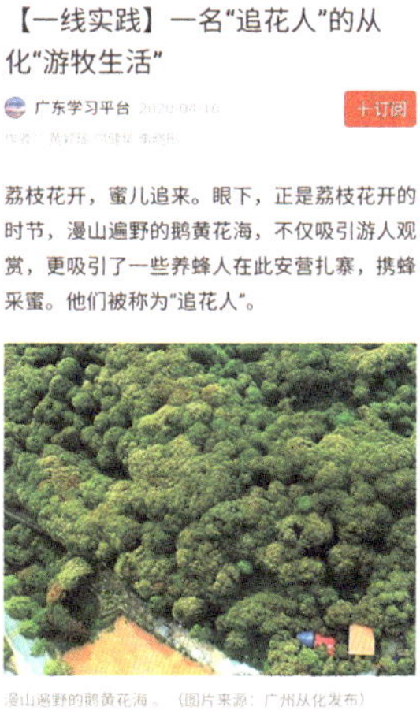
【一线实践】一名“追花人”的从化“游牧生活”

广东学习平台

+订阅

荔枝花开，蜜儿追来。眼下，正是荔枝花开的时节，漫山遍野的鹅黄花海，不仅吸引游人观赏，更吸引了一些养蜂人在此安营扎寨，携蜂采蜜。他们被称为“追花人”。

漫山遍野的鹅黄花海。（图片来源：广州从化发布）

《一名“追花人”的从化“游牧生活”》

赶花期，为了糊口，随花而居，采花为蜜。二十多年来，汪海华跑遍了大江南北，今年是他第一次来到从化。他发现这里山好水好，人杰地灵，种植的荔枝品质优良，第一批采出的荔枝蜜特别甜，质量特别好。他决定把从化列为往后采蜜的必选之地。我们的记者跟随汪海华经历了养蜂人一整天的生活，把养蜂酿蜜的全过程通过文字的叙述展现出来，通过对话把他们工作中的苦与甜与读者分享，通过相机镜头记录他们务实敬业的工作状态，反映他们最真实的境遇，产出了一篇优质的新闻报道。

这篇登上学习强国的文章，只是我们在南方号发布的近5000篇文章之一。创作有思想、有深度、有灵魂的新媒体作品，一直是我们的宗旨。南方号新媒体平台就像我们的知音，给我们的优质内容提供了更多曝光的机会，让更多人通过南方号了解从化，认识从化，爱上从化。而推送优秀作品到学习强国平台，就是其中一个渠道。

在新媒体矩阵日益壮大的今天，南方号虽然只是我们发布新闻的移动端口之一，但却是我们十分重视的一个端口，主要体现在四个“多”。一是发布新闻数量多。自2018年初进驻南方号以来，“广州从化发布”共发布文章近5000篇，总阅读量达650多万；2020年1月1日至8月18日已发布文章1600多篇，总阅读量达265万+。发布内容紧贴社会热点，涵盖政策通知、交通、旅游、教育、旧村改造、小康生活、新时代文明实践、风土人情、科普养生等，能够满足南方号不同年龄层受众的需求。二是首发次数多。南方号较微信公众号相比，具有每天发布次数不限、发布时间不限、修改次数不限等众多优势，因此，许多在从化举办的重大活动、重要工作、重点项目等报道，我们均选择在南方号进行首发，务求以最快速度把新闻报道呈现给广大受众。

三是新闻展现形式多。除了以文字、图片展现新闻内容外，2021年以来我们进一步加大了视频制作力量，在新闻报道中加入短视频，让读者更直观地接受新闻信息，增强了读者的阅读体验。四是参与活动次数多。无论是优选计划还是同题作文，凡是南方号推出的策划活动，我们均积极参与、踊跃供稿，同时加强沟通对接，每天推选好文给南方号编辑推送至各频道和学习强国等平台，让更多优质新闻产品得到推广传播。

宝剑锋从磨砺出，梅花香自苦寒来。用心讲好从化故事，“广州从化发布”一直在努力。而“广州从化发布”与南方号的故事，未完待续，期待未来在学习强国看到更多我们和“南朋友”的“结晶”。

2020年11月

“广州从化发布”编辑集体讨论策划南方号同题作文推送内容

警媒携手，聚焦公安正能量

□广东省公安厅

“有那么一群‘小黄人’‘逆行者’不惧风雨、逆风而行，为救援群众而奋不顾身！”2019年6月12日，南方号“广东公安”发布的一篇题为《比这“龙舟水”更猛烈的，是他们的奋不顾身！》文章被推荐到学习强国“广东学习平台”，这也是“广东公安”第一篇登上学习强国的文章。文章第一时间集中报道了受灾较为严重的河源、梅州等地公安民警抢险救灾情况。狂风暴雨里闪动的“小黄人”，无惧危险毅然前行的“逆行者”，不仅温暖了受灾群众，更感动了众多网友。

学习强国

2019年06月12日

【榜样力量】比这“龙舟水”更猛烈的，是他们的奋不顾身！

作者：广东公安

广东学习平台 已订阅

端午假期刚过，“龙舟水”才开始发威

6月9日晚到10日早上，广东省韶关、河源、梅州等地遭受暴雨袭击，雨势可谓“来势汹汹”，多地发布了暴雨红色预警信号。

受持续性强降雨影响，河源、梅州部分地区发生灾情，其中河源市连平、龙川、和平、东源等县部分乡镇发生大面积受灾，情况较为严重。

河源

据河源市政府通报，截至6月11日10时，

广东学习平台

龙川公安全力抢险救灾。

龙川公安全力抢险救灾。

《比这“龙舟水”更猛烈的，是他们的奋不顾身！》

2016年10月，广东省公安厅在南方号平台上开通了“广东公安”官方发布账号，成为首批入驻南方号平台的省直部门之一。自入驻以来，“广东公安”始终坚持正确导向，围绕中心，服务大局，在南方号这个全省规模最大、覆盖最广的政务新媒体聚合平台上，主动引导舆论，发出公安声音，讲好警察故事，唱响主旋律，传播正能量。2018年5月，全省公安系统新媒体集体入驻南方号，借助南方号平台不断扩大公安政务新媒体的传播力与影响力，“南方号•公安矩阵”已成为一支强大的公安政务新媒体矩阵队伍，在移动互联网上构建起广东公安新闻舆论宣传与信息服务的重要阵地。

作为权威、专业并极富活力的主流平台，南方号已成为广东公安发布政务信息的主阵地。截至目前，南方号“广东公安”累积发布稿件4150余篇，总阅读数近400万次，传播力、引导力、影响力、公信力和服务力与日俱增，也有效带动了全省公安新媒体矩阵蓬勃发展。近年来，在南方号平台的强力支持下，“广东公安”主动顺应形势发展变化，着力推进内容创新，紧扣主题主线，把握时间节点，生产了一系列接地气的内容，打造了一批有特色的精品力作，通过南方号发布的优质内容，也被南方号平台推荐到了学习强国平台。

此外，通过南方号平台的“我要上首页”优质政务信息推荐机制，“广东公安”自荐大量优质原创内容，其中多篇文章获得南方+的推荐选登至学习强国平台，进一步扩大了作品的覆盖面和影响力。2019年，“广东公安”精心组织策划的原创视频《护大湾区，创新时代》《70！广东公安砥砺前行》分别参加了由南方号举办的“我们的湾区大文章”爆款大赛以及“我和我的祖国”新媒体爆款大赛，均获得了很好的成绩，获奖的两个作品也被推选到学习强国平台。

2020年抗疫期间，“广东公安”紧紧围绕做好疫情防控重点工作，重点加强主题宣传策划，广泛挖掘先进典型事迹，及时反映在防控疫情前线公安机关和广大公安民警坚守岗位、守护平安、服务群众工作的情况和感人事迹，并生产制作了一批有深度、有温度的新媒体作品，其中《警嫂的家书：你觉得无聊的家，是他们回不去的地方》《当洁白遇上深蓝，等你在春暖花开》《光——致敬公安英烈》《身不得男儿列，心却比男儿烈！》《广东公安用忠诚书写抗疫凯歌》《答卷》等作品都通过南方号推荐到学习强国平台上，引发热烈反响。

给读者提供最权威的警方资讯，带领读者解锁更多防范新知识，一直是南方号“广东公安”的追求目标。广东公安将继续携手南方号，不断创新理念思路，持续发力，推出形式内容接地气的特色新媒体产品，充分发挥南方号平台作为广东省主流舆论阵地政治可靠、公信权威、深度覆盖的优势，借助南方+和学习强国平台的推荐推广，让广东公安的优质内容得到更大程度的展现和传播，开创新时代公安新闻宣传工作新局面！

2020年11月

三、善用社交媒体

好内容，值得更多的渠道推广！通过几年的发展，南方号平台上聚集了一批拥有强大爆款生产能力的南方号。他们玩得转短视频，拍得出电影级大片，H5、条漫、长图等新媒体产品生产起来更是毫不费力，通过在社交媒体指数级传播，爆款内容经常刷爆全网。

这些原创能力超强的南方号，有“省高级人民法院”“广东交警”“健康广东”“广东市场监管”等省级大号，也有“顺德警察”“珠海交警”等区县级南方号。他们创作的内容既符合南方号对权威信息发布的要求，又可以在社交媒体上形成“病毒式”传播。如“顺德警察”南方号，专注反诈知识的科普，结合诈骗案例推出的“女装大佬”系列反诈宣传短视频，“吸粉”无数，该系列视频累计传播量超过3亿人次，在微博等社交媒体引起广泛讨论，很多网友留言对顺德警察评价很高，“原来警察叔叔也可以这么活泼，搞笑的风格演绎揭露诈骗手法”。

为了更好地提升各级南方号政务发布水平和爆款创作能力，南方号平台通过组织“新媒体交流营”，邀请优秀南方号共同研讨学习。通过实际案例讲解，创作经验分享和技术赋能等方式，与各级党政机关共同探讨新媒体时代政务发布的新方法和社交裂变新形态，助力政务发布在现代全媒体传播体系中做强新声量。

“珠海交警”南方号：政务传播守正创新

□“珠海交警”南方号运营团队

“最近珠海交通违法处理窗口爆满！其实手机扫扫码，不用去窗口。”

“珠海司机路上停一会车累计被扣17分，这种驾照，他竟不能再用了。”

…………

这些或具有引导性的实用帖子，或吸引眼球的以案说法，均来自“珠海交警”南方号。

“珠海交警”南方号自开通以来，以其文章生动鲜活、功能齐全强大、服务贴心周到的优势，吸引读者跟帖互动，通过社交媒体形成更广泛传播。普法、警示类文章在“珠海交警”微信、微博、今日头条、南方号等平台发布后，引起了社会关注。2020年7月31日下午1点03分，一辆救护车正赶去香洲某小区接一名心脏骤停的病人。当救护车来到迎宾北路交人民西路路口，却被奔驰、凌志两辆小车挡道不让，急得护士跑下车去敲车窗。交警部门对两名司机进行了教育和处罚，该话题冲上了微博热搜榜，阅读次数高达1．4亿。

打通信息传播新路径

为了适应新形势下交通安全宣传工作需要，建立良好的警民互动平台，树立公安交警良好形象，2017年5月，“珠海交警”南方号正式开通，目前“珠海交警”南方号粉丝4.4万，每年发稿超1400篇。

3年多来，珠海交警组建采编团队深入交警基层一线，采写交警感人故事、违法事故警示案例、交通路况提醒、便民服务措施等。同时，“珠海交警”南方号一直用通俗、幽默、接地气的语言发布信息，并用真情实感与粉丝实时互动，做到有问必答、有求必应，拉近和市民的距离。为此，珠海交警还专门招聘一批新闻系、中文系专业的本科生，扩充到支队、各大队的宣传员岗位，对交通管理政策措施、法律法规、典型案例、好人好事及时进行挖掘采写，确保稿件的时效性和实用性，引发用户在社交媒体转发传播的意愿。

打开服务民生新局面

每年珠海航展期间，“堵”成为大家对珠海交通状况最深刻的体会。但从2016年第十一届航展开始，“顺畅”成为大家嘴里出现频率最高的一个词。这中间，“珠海交警”南方号功不可没。

第十一届、十二届航展期间，珠海交警在全面总结历届航展交通组织工作经验的基础上，先后通过微信、微博、南方号及各大互联网平台提前发布交通引导提示信息，引导观众在交警设置的路线行驶，倡导观众集约观展、错峰出行、公交出行，打破珠海航展“逢展必堵”的怪圈，获得国内外媒体和社会各界的赞誉。

现在“珠海交警”南方号在大型活动、节假日、黄金周等车流密集时期以及灾害来临之前，高频率发布宣传引导信息，已经成为交通组织工作的一项重要措施。

“珠海交警”南方号在很大程度上改变了警务运作模式和行为方

式，成为惠民便民的新平台、“阳光执法”的新窗口、舆论引领的新阵地，在交警依法履职中发挥巨大推动作用，助力珠海交警警务发展迈入新时代。

2020年11月

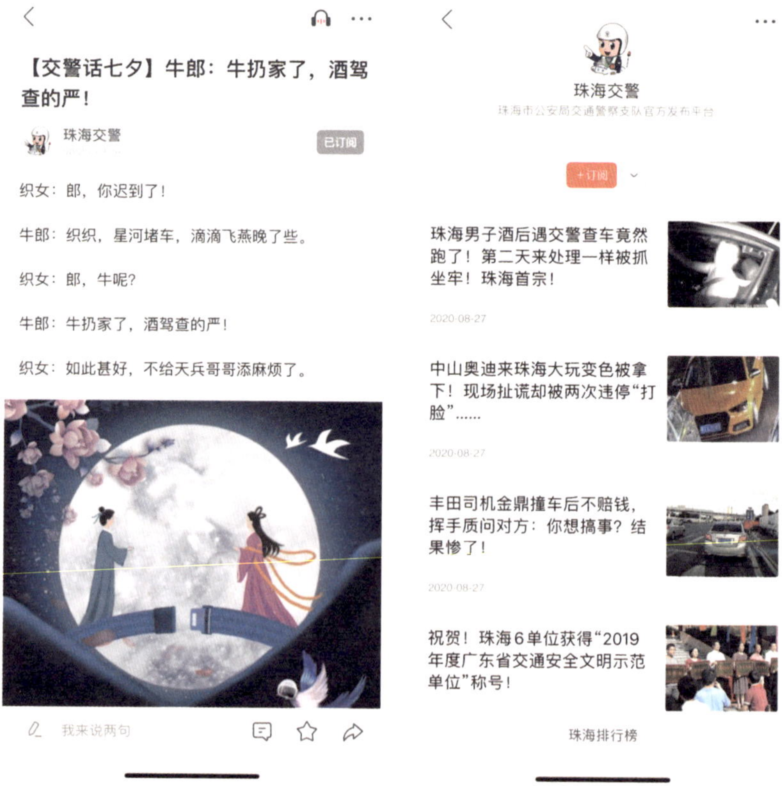

“珠海交警”南方号

“宝览南粤”南方号：用新媒体语言讲“活”湾区文化故事

□毕嘉琪

文物是中华优秀传统文化的见证者，是展现文化自信的重要载体。近年来，随着《我在故宫修文物》《国家宝藏》等“爆款”节目的推出，全国掀起了一股“文博热”。如何适应新媒体的发展趋势，创新语言表达，让中华优秀传统文化活起来，“火”起来，考验着媒体人的智慧。

为了填补广东省内文博类新媒体短视频节目的空白，2018年“5·18国际博物馆日”当天，南方日报、南方+客户端与广东省文物局联合打造创意文博新媒体项目《宝览南粤》，挖掘粤港澳三地重要文博场馆“镇馆之宝”的前世今生，用新媒体语言讲好大湾区历史文化的故事，助力人文湾区建设。

作为该项目重要的产品推广平台，“宝览南粤”南方号从2018年5月项目启动后持续更新。截至2021年8月，《宝览南粤》陆续推出五季，走访了粤港澳三地21个博物馆，制作推出原创短视频节目、抖音短视频、H5小游戏、原创歌曲MV、创意海报、线上点赞活动、活动直播、报纸深度报道等系列融媒体产品。通过差异化传播和线上线下多渠道分发，全网点击量累计超过一亿，在海内外反响热烈。

该项目曾获中宣部专题阅评表扬1次，广东省委宣传部阅评表扬3次，并荣获国家文物局颁发的中华文物全媒体传播精品推介奖（全国十佳），2020年度广东新闻奖一等奖，成为政媒合作推动媒体融合创新的又一样本。

经验一：深耕优质内容——创新角度语言重述历史

自媒体时代，如何在海量的信息中突围而出，用优质内容争夺网友们的眼球？在文博类报道和节目铺天盖地的今天，如何能将时效性并不强的“软新闻”做成“爆款”？这是策划之初，摆在项目组眼前的一道难题。

团队对项目明确两点定位和目标：一是要深耕本土，挖掘岭南历史文化精髓，要做出“粤味”；二是要推陈出新，跳出以往纸媒报道的传统套路，从语言表达到产品样态必须符合互联网传播规律。基于此，我们对产品作了风格定位上的分类：短视频节目要强调科普性、艺术性和故事性；报纸深度报道注重权威性、思想性；新媒体周边产品注重贴近性、趣味性、创新性。探索多种产品相互配合，实现差异化复合传播。

我们深知，“内容为王”才是传播的核心动力。因此，在题材选择和内容表达上，我们定下了“12字标准”——扣热点，贴当下，新角度，活语言。

紧扣热点，强化时效性。如《宝览南粤》“香港篇”拍摄恰逢特殊时期，项目组克服重重困难赴香港历史博物馆采访，得到了香港康文署和博物馆领导的大力支持，首次将香港历史博物馆的重磅文物搬出库房拍摄。这一集梳理了香港近半个世纪以来的重大考古发现，从不同朝代的墓葬寻根，证实香港人祖先与岭南地区祖先同宗同源；从香港“四大民系”的发展形成溯源，真实还原内地移民在香港艰苦创业，携手共创“东方之珠”奇迹的正能量故事。该集于中秋节当天推出《家好月才圆！这些历史故事应该编进香港通识教材丨文物看湾区》视频网文，引发网友们的高度关注，在南方+客户端、“南方日报”官方微博、微信纷纷留言力挺。

以史鉴今，关照现实生活。有效传播需要引发受众的共鸣，讲述远离现代人生活的文博故事，更需要通过紧贴当下生活的语境来拉近与读者的距离。如“粤博篇”，讲述广东省博物馆内珍藏的“十三行”时期的外销珍品背后的历史故事，联系时下的网购热潮，挖掘百年前西方人跨越大半个地球来广州“海淘”的有趣细节，揭秘“广东制造”为何能成为风靡全球的时尚爆款，展现广东商人的经商智慧。

重挖角度，寻找信息盲点。纵观以往传统媒体对文博的报道，同质化现象较多，重宏观而轻细节。为此项目组抛弃传统采写的惯性思维，重新挖掘内容角度，以求寻找更多的信息盲点。如“南越王篇”一集，简化了南越国历史和发掘过程等众所周知的信息，而是抛出了两个颇具趣味的悬念——“2000多年前的‘岭南干部第一人’赵佗为何能活过百岁？”“西汉南越王墓出土饮食器具透露了岭南先民怎样的饮食智慧”，从问题入手带出背后鲜为人知的故事。

创新表达，增加“网感”。爆款网文除了需要有趣角度，还需要鲜活的语言表达。项目组摒弃严肃生硬的文字表达，用“文物自述”等轻松诙谐的语气介绍其前世今生。如“东莞篇”一集推出时正值《延禧攻略》等清宫剧热，项目组以“揭秘紫禁城主子们真实生活”为噱头，挖掘东莞市博物馆108件故宫调拨文物背后的故事，引发网友们的热烈反响。

经验二：丰富产品样态——周边产品差异化生产

新媒体产品的设计和推广都需要先明确目标受众群。项目组认为，结合南方⁺的用户画像，《宝览南粤》这款文博类新媒体节目的目标受众以25—55岁受教育程度较高的中青年用户为主。根据这部分观众对于网络信息的接受规律，节目组试水打造一条丰富多样的新媒体产品线，通过差异化传播，塑造IP影响力，努力实现传播效果的倍数叠加。

以第一季首集节目为例，节目推广周期分为四个阶段，循序渐进推广不同类型的多款周边产品，进行碎片化宣传，吊足观众胃口，以“2款概念版预告片+微信朋友圈10秒短视频预告+多款创意海报+H5动画游戏+抖音产品”一同作为正片亮相前的序曲，提前半个月分五轮预热，从“5•18国际博物馆日”到“6•9世界遗产日”层层揭晓悬念、释放热度，到节目正片达到首日点击量破300万的高点。

为了吸引年轻观众，节目组在提升产品的趣味性与互动性上花了不少工夫。

一是抓住抖音短视频热。提前半个月研究推出节目的抖音版，并作为南方⁺客户端抖音官方号上线第一天首发的产品。这条与文物一起壁咚的15秒短视频，在首发当天掀起超过50万网友观看，超过1.4万网友点赞的热潮。

二是延伸周边产品。配合各集节目宣传点，项目组陆续推出《首次再现南越国宫廷舞》原创舞蹈视频、《宝览南粤》原创主题曲、《创业兴家打工仔》拍摄花絮MV、《穿越回广州十三行海淘》H5等多种多样的周边产品，形成品牌产品体系。

三是拓展“粉丝”群体。节目组还专门邀来人气创作歌手简弘亦为《宝览南粤》演唱节目推广曲《青玉案·元夕》，并结合节目中的国宝镜头，拍摄了唯美的推广曲MV。推广曲MV在南方⁺客户端、腾讯视频、QQ音乐、网易云音乐、优酷、土豆等平台上线后受到歌迷们的热捧，上线两天全网点击量便突破1000万，登上音乐平台热播榜单。

四是延伸青少年研学课堂。为献礼中国共产党成立100周年，2021年5—7月，《宝览南粤》推出第五季“青春红图志”系列，以“百年大党　风华正茂”为主题，深挖广东博物馆里珍藏的“国家一级革命文物”背后的历史故事。项目组与广州美术学院创新合作、联合摄制，邀请该校来自国画、动漫、视觉传达、版画、油画、雕塑六个专业的12位优秀学子与摄制组一同采风拍摄——学生全程参与拍摄脚本内容的策划，并担任每期节目的“红色国宝守护人”，试水以当代青年自述的年轻视角，融入学生在创作过程中的所学、所思、所悟、所得，生动讲述国宝背后的党史故事。此外，第五季还延伸推出“青春红图志——红色文物主题创作优秀作品线上展”，聚焦广州美术学院学子深入博物馆采风创作的成果，展出50件以红色文物为主线创作的优秀美术作品。截至2021年7月25日20时，该点赞活动在南方⁺客户端内点击量已超20万，数万网友参与投票互动，也为项目后期计划开发的研学活动作了铺垫。

五是报、网、端同步联动，差异化传播，形成立体传播格局。五季以来，《南方日报》和南方⁺客户端配合节目相继推出了“南粤护宝人”“文物看湾区”等系列报道，挖掘粤港澳大湾区文物保护方面作出贡献的人物故事。《文物医生：让历史醒来，让文物复活》等多篇深度报道，多角度、全方位展现粤港澳三地文化工作者近年来在文物保护方面所作的努力以及合作成果。报纸深度报道与网端内容形成差异化传播，前者主打深度，立足现实，深度挖掘文化遗产活化传承的现象与人物故事；后者主打趣味性，按照互联网传播规律，用可视化方式挖掘文物背后的趣味知识点。

经验三：拓宽传播渠道——线上线下联动推广

在信息爆炸的时代，酒香也怕巷子深。因此除了用心打造优质内容，《宝览南粤》项目组还充分发挥南方报业传媒集团报网端全媒体矩阵渠道优势，根据产品特点进行最大化的推广传播。

在推广渠道上，该项目主要分为三大渠道：内渠道包括南方日报、南方+客户端、南方网、南方日报官方微信、微博、“南方艺见”微信公众号；外渠道包括学习强国平台、今日头条号、企鹅号、腾讯大粤网、腾讯天天快报、腾讯视频、抖音、B站、咪咕视频、爱奇艺视频、网易云音乐、QQ音乐等；行业领域渠道则包括广东省文物局下属机构、博物馆官方网站、微信及其他外宣渠道。针对不同的人群进行差异化推广，实现传播效果几何裂变。

优质的节目内容受到了各大视频平台的争相推广。腾讯大粤网将节目视频推送到腾讯视频的纪录片频道和粤语频道头条大图位置。

严谨专业、通俗易懂的节目内容也受到了博物馆领导和业界专家的高度肯定，广东省博物馆、广东海上丝绸之路博物馆都在馆内特展区全天候轮播节目。广东海上丝绸之路博物馆更在馆门口的显著位置摆放节目组的易拉宝海报，方便每位游客进场时扫码观看，线上线下共同发力，扩大品牌影响力。

此外，项目组注重系列报道的境外传播，尤其是向港澳地区辐射。《宝览南粤》第三季香港和澳门篇，专门制作粤语配音和繁体字字幕版本，通过广东省委宣传部外宣渠道和文化系统向香港、澳门地区大力推广，相关新媒体稿件、视频还推广到南方日报海外版稿库，《今日广东》《侨乡广记》等多家华文媒体纷纷选用。相关报道更被新华网、人民网、凤凰网、学习强国、国际在线、腾讯新闻、网易新闻等国内外数十家主流媒体和平台转载，推动粤港澳历史文化精髓走向全国，走向世界。

2021年8月

（作者毕嘉琪系南方日报文体新闻部新媒体工作室副主任）

四、产学研跨界

南方号是依托南方+客户端重点打造的权威新媒体内容生产分发平台，一定程度上可以说是业内首个专注于权威信源的新媒体平台。南方号作为南方+客户端的“内容池、连接器、孵化场”，以更包容、更聚合、更开放的理念为基调建立传播生态，历时近五年的深耕开拓，南方号形成了覆盖广东政务机构的新媒体集群。

南方号的生长内驱力、向外延展力、跨界想象力都备受业界、学界关注，在南方+客户端的多个输出产品和活动中，南方号作为底层基础，较好地实现了资源整合串联，以“号”的形式创建连接，以矩阵、产品、活动的形式整体封装进行传播推广，打造出正能量强声量的势态。

“南方报业小记者”：报网端融合迸发新力量

□张盛良　陈峥　洪燕文

2019年7月26日，南方报业小记者项目启动仪式在南方报业传媒集团举行，“南方报业小记者”南方号同步上线，在南方报业传媒集团和广东省新闻工作者协会的联合指导下，我们开启了在教育垂直领域项目探索的新征程。

如果说，南方报业小记者是南方报业传媒集团报网端融合背景下迸发的新力量，作为该项目唯一的发布平台，“南方报业小记者”南方号通过200余条稿件、视频点滴记录着这一切。

双驱动：“线上比赛+线下活动”，粉丝快速突破10万+

南方报业小记者南方号上线以来，通过“线上比赛+线下活动”双向拉动，迅速完成了“从0到1”的蜕变，粉丝数量突破10万+。

两年多以来，南方报业小记者开展了“融媒体体验营”“南方报业小记者走进长隆”“南方报业小记者走进南国书香节”等20余场线下活动，600余名小记者跟随南方名记者走进新闻现场，体验记者的真实工作状态。每场比赛招募和活动的全程报道，都会通过“南方报业小记者”南方号进行统一发布，带动更多的家庭关注。

2019年记者节，首场南方报业小记者创作大赛启动，至今，南方报业小记者已经举办十余场主题比赛，投稿作品数量超15万，涵盖写作、视频、绘画和摄影作品等多种类型，成为省内大型中小学生明星赛事。

2020年新冠疫情，南方报业小记者通过与共青团广东省委员会、广东省少先队工作委员会、共青团广州市委员会等省市两级相关部门的合作联动，紧扣疫情主题，举办了“撑武汉，我们也行动”和“乐学小先锋”两场线上比赛，号召青少年为武汉加油打气，接着先后发起“声声入耳——南方报业小记者课文朗读大赛”“加油，2021”等多场比赛，共带动了全省上百万家庭参与，总流量超过1.5亿。以“乐学小先锋”南方报业小记者创作大赛为例，我们与各地团委、教育部门合作，在全省范围内一共开设了包括深圳、佛山、东莞在内的13个分赛区，惠州和茂名分赛区开展了“战‘疫’英雄”的主题团课，通过逐级发动，全省参赛作品超过6万篇。

而这些比赛的赛程和获奖作品，也全部发布在“南方报业小记者”南方号上。

矩阵带动：南方报业小记者校园号组团“出道”

南方报业小记者致力于搭建媒体、校园和社会的沟通桥梁，与华南师范大学附属中学、广东实验中学等省内143所名校共建了校园记者站，与长隆集团、美的集团、广东科学中心、正佳极地海洋世界等12个机构共建了实践基地，还在深圳、东莞、清远等6个地级市建立了南方报业小记者联络站。

这些校园记者站组团在南方⁺客户端开设南方号，发布校内新闻和南方报业小记者相关动态，形成了南方报业小记者校园矩阵，加强与学校的日常互动。目前，南方报业小记者在广东全省范围内共建了143所校园记者站，校园号矩阵也随着记者站在全省落地开花。

由此，南方报业小记者交流营应运而生。在这里，教育专家、名校校长、老师、家长在实践基地齐聚一堂，共同探讨热点教育话题；在这里，南方报业专业采编团队，将“十八般武艺”传授给校园记者站负责宣传的老师们……

2021年，南方报业小记者推出南方知行学堂，一批高端研学活动线路一上线就受到小记者和家长的高度肯定，一名小记者在参加完“南方报业融媒体中心体验”后，在心中种下了梦想的种子，立志长大后做一名记者。

工具孵化：南方报业小记者的“出圈”秘籍

南方报业小记者线上比赛能在如此短时间内获得学校、老师和家长们的认可，火出了圈，背后是来自南方+客户端强有力的技术支撑——南方+征稿云平台。脱胎于南方报业小记者创作大赛的南方+征稿云平台，现在已经成为了线上征稿开放平台，把很多的不可能，变成了现实！

在这里，一场活动的运营人力可节约八成以上；在这里，能实现海量作品在同一平台上进行图文、视频展示；在这里，可以实现精准的数据统计，为活动运营提供了精准运营的依据。而征稿云平台上的海量内容，可以对南方号进行精准分发，为南方号赋能。

以梦为马，不负韶华！仅仅两岁的南方报业小记者将迎着太阳，在全媒体融合的道路上不断奔跑，努力成为孩子们读书、写作的“好帮手”，社会实践的“好推手”，报网端融合的“好抓手”。

2021年8月

（作者张盛良系南方+客户端市场运营中心市场总监，陈峥系南方+客户端市场运营中心高级主管，洪燕文系南方+客户端市场运营中心市场运营助理）

第五章
名家访谈

范以锦：
开放生产，让媒体走出平台困境

□范以锦（暨南大学新闻与传播学院名誉院长）

南方$^{+}$：南方号平台是南方报业传媒集团于2016年在南方$^{+}$客户端上推出的广东权威新媒体内容开放生产平台。不同于其他自媒体平台，南方号专注于聚合全省各级政务新媒体和机构新媒体资源，充分发挥主流媒体的专业传播优势、策划优势、整合优势，既让用户接收到真实可靠的信息，也把政务机构的权威声音充分表达，在互联网中，打造权威的政媒互动信源平台。传统媒体打造开放生产平台，您怎么看？

范以锦：现在的（传统）媒体有很多的困境，这个困境很多人认为是平台的困境，有的人认为是技术的困境，有的人认为是经营的困境，等等。有很多角度的困境，但总体表现出来是平台的困境。平台困境跟内容有很大的关系。把自己当成用户，看微信、看微博、看今日头条、看抖音、看报纸。为什么那些平台会有那么多人去关注呢？平台能够做得那么大呢？这跟内容生产有关系的。因为它的内容适合我，所以我才会阅读。内容是什么呢，是用适合的语言来表达传统媒体生产的内容。新闻消息内容主要是国家发布的重要决策、重要事件，这些基本上都是传统媒体生产出来的。比如中央发布的重要决策，首先由主流媒体采访，采访后发布到网络上，商业媒体、社交媒体就会进行修改，修改成适合其面对的用户们需要的表现形式。

南方$^{+}$：南方号平台建设至今，已实现对全省21个地市及重点省直系统的全面覆盖，入驻总数超过7000家。南方号平台月均发稿稿件超过6.6万条，月均流量超过8300万。南方号平台能够吸引超过7000家广东政务机构、社会组织成为其入驻单位并生产内容，它的吸引力在哪里？

范以锦：首先，是南方报业品牌的权威性和公信力，区别于一般的自媒体生产平台。

其次，这个平台的入驻单位和用户气味相投、物以类聚。南方$^+$客户端主打广东政务信息权威发布，它吸引的目标用户，主要是关注广东社会经济发展的公务员、教师等高知群体。要让大家在南方号上看到最多、最快、最权威的政务信息，就需要入驻的机构号，全力做好自己领域内的政策发布、权威解读。这也是为什么平台从一开始就明确，吸纳入驻的是广东省内各级党政机关、社会团体、企事业单位等发布主体，而一定不是那些爱危言耸听的营销号。同时，这些政务机构在南方$^+$发布信息，也更能被有影响力的人获取。

另外，南方$^+$的激励机制也非常重要。相比其他平台，南方号平台对入驻的南方号还会有稿费、榜单作为二次“激励”。在南方号平台，入驻号如按平台方约稿要求生产内容，平台方均会视内容质量向其发放金额不等的稿费。内容质量、推广的效果是否得到反馈，是传播过程中的重要一环，也是反向刺激内容生产的重要手段。

同时，南方号和记者的激励机制捆绑，政务机构会更多给记者通消息，记者也会千方百计做好南方号。

还有一个原因是，现在很多政务机构单位都希望自己生产的内容能够进入学习强国的大平台。然而作为单独的小媒体是不容易进入学习强国的。学习强国平台因为其性质，对普通政务机构媒体的门槛较高。政务机构单位可以选择入驻南方$^+$成为南方号，再由南方$^+$这一主流媒体平台的推荐入选学习强国。优秀作品通过南方⁺客户端主流媒体的推荐会传播得更广。

南方⁺：开放生产不等于放任生产，尤其是对于并非把“生产内容”作为主业的各级政务媒体来说，该如何激发他们的闲时生产力？在生产的过程中，如何让这些政务机构有的放矢？

范以锦：开放生产不等于放任生产，每个生产个体都有自身局限。比如政务发布号并非每天都有重磅新政，他们闲时的生产力如何激发？这就需要平台引导，让生产者拥有更明确的生产目标。

需要解决好两个问题，一个“过窄”，一个“过泛”。所谓“过泛”，多而不精。有些南方号为了应付发布任务就随便发布，生产的内容类型单调枯燥。一个合格的南方号不只是发布消息、新闻，还有许多其他的泛内容、衍生内容可以做。只要能为民众服务，有社会价值的东西都可以生产。

“过窄”的问题则是在，有一些地方政务机构只是按照领导的命令按部就班地生产内容，没有生产内容的积极性。有些部门工作人员是兼职生产内容，会对这份非本职的工作感到厌烦。这样的情况下，更要南方号去将他们的闲时生产力激发出来。我觉得南方号组织的“同题作文”这种形式的生产就比较好。它的优势在于一方面能让更多机构号参与，同时又能凸显机构号各自的特色和优势；另一方面，它还能打破参与限制，不同行业、系统、地方的机构号，只要能在同题作文的题目中“有话可说”，就能“一展身手”，形成特有凝聚力。

单纯的内容引导多少会让人产生疲态，我们或许可以适时考虑一些更深层的刺激——比如线上线下活动。事实也证明，与活动类运营相结合，的确能让开放的内容生产拥有质与量的飞跃。

南方⁺：很多政务机构的内容生产者都不是专业的新闻从业人员，对于生产的内容或者想表达的内容有时难免“力不从心”。南方号平台除了提供“发布”功能外，是否也可以担当其他角色，比如孵化器，对一些有一定生产能力的政务机构在二次包装、内容分发、栏目设置上给予适当扶持？

范以锦：一方面是南方⁺平台积极培养南方号的政府机构人员熟悉、适应新媒体南方⁺客户端平台。我们在栏目设计、技术、包装、传播人才等方面对南方号政务机构都有很大的支持。

另一方面，单位机构也需要多支撑。政府、机构要抓住当地媒体的典型特点，要有意识地培养、孵化，给予更多支持。

有时，南方⁺客户端承担“孵化器”的角色。专业的事情，比如包装、发布渠道等就交给平台来做。平台用更好的方式支持南方号入驻单位，给他们更多机会，帮助他们推广。做出好的内容，对平台和南方号双方都有好处，达到双赢。很多南方号的机构单位有想法，但是缺思路。不知道如何打造和传播。如果将“孵化器”的角色扮好，可以实现社会价值和经济价值兼得。

如广东教育南方号的“粤教一周纵览”，中山六院南方号的“每周医答”，都是平台与机构号合作推出的栏目。平台辅助孵化、推广，除内容把关和选题建议外，更多的是为其配备优质推广资源，如开设专题页、提供互动支持、制作推广海报、设计栏目UI（用户界面）、重点分发等，内容则由机构号主导生产，自由发挥。

南方⁺：酒香也怕巷子深。我们留意到有的政务机构相对比较基层，他们在平台所处的位置比较深。如何能让这些基层政务机构的内容得到传播和读者认可，从而激发机构更大的生产和原创积极性？也就是说，如何让政务机构的南方号生态更加繁荣，让南方号生态的优质内容流动起来，让更多的人看到？

范以锦：流量暂时处于中下游的南方号，他们很基层，声音发出后被读者用户听到比较困难。但其实基层的政务机构南方号有很多丰富的内容。比如一些比较贫困的地区，当地有很好的文化资源、地理资源、历史资源等，利用好他们当地丰富的资源优势。

怎样能够调动他们的积极性呢？南方+就要在他们进驻以后把他们的优质内容流动起来。除报纸、期刊等传统媒体外，南方报业传媒集团拥有20个网站、7个手机客户端、370个社交媒体公众账号、3000块互动触控屏、1万平方米户外LED大屏幕，形成了“报、刊、网、端、微、屏”多介质、多形态、立体化的媒体生态。在南方号平台上生产的内容，只要足够优秀，就有在各个平台上亮相的可能。

另外，平台也可积极拓展外部推广渠道。比如，南方+客户端已与学习强国广东学习平台、头条号、企鹅号、一点号等建立供稿渠道。同时还与众多头部大号，如广东发布、中国广州发布、广东教育、省高级人民法院等拥有良好互动，在尊重版权的前提下，内容共享、相互推送。其中，就包含了在南方号平台生产的优质内容。

除平台运营方的主动发掘之外，生产者自荐渠道也必须通畅。比如南方号平台“我要上首页”“我要上频道”和“首发计划”的推行，效果也是显而易见的。各大计划推行以来，越来越多的机构号内容出现在南方+客户端首页、地市频道首页，以及其他外部平台。同时，入驻号内容发布数量及质量也有了大幅度的提升。当地信息就可以通过南方+平台传播传递，发布出去，流动起来。

南方⁺：最后，请您整体地评价、展望一下南方⁺客户端未来的发展道路。

范以锦：南方报业的体制机构创新，走的是领导一体化、员工一体化，还有绩效一体化、技术支撑一体化路线。南方日报作为广东省委机关报，起到了示范作用。“龙生龙，凤生凤”，报纸、南方⁺客户端都需要品牌单位来领导。南方⁺客户端在南方报业旗下，是南方报业“生”出来的，依托“南方报业”这个品牌一定会有更高质量的发展。

2021年8月

（访谈整理人谢苗枫系南方报业传媒集团对外传播中心副主任，蒲思伊系南方⁺客户端内容运营中心编辑）

张志安：平台化战略中主流媒体的开放生产

□张志安（中山大学传播与设计学院教授、中山大学粤港澳发展研究院副院长）

“南方号”专注于聚合广东各级政务新媒体和机构新媒体资源，充分发挥主流媒体的策划、整合、传播等专业优势，既让用户快速接收到真实、可信、丰富的资讯，也让各级政务机构的权威声音在主流平台得以充分表达，在互联网中打造权威的政媒互动信源平台。

南方号平台建设至今，已成功实现对全省21个地级以上市及重点省直系统政务机构的覆盖，是广东目前最大的权威新媒体内容开放平台。

需要进一步思考的是：这样的开放生产对党媒平台有什么意义？政务和新媒体如何有机融合？政务新媒体平台怎样才能吸引更多政务机构入驻并保持活跃更新？“互联网+社会治理”能否重塑社会治理新格局？

围绕这些话题，中山大学传播与设计学院教授、中山大学粤港澳发展研究院副院长张志安与南方⁺客户端分享了他的思考和观点。

南方⁺：移动互联网技术打破了传统话语传播空间，开放生产力度越来越大。南方号平台能够吸引7000多家广东的政务机构、社会组织入驻并生产内容，您觉得这种吸引力是在于什么地方？

张志安：南方⁺客户端主打广东政务信息权威发布，它吸引的目标用户主要是关注广东社会经济发展的公务员、教师等高知群体。要让大家在南方号上看到最多、最快、最权威的政务信息，就需要入驻的机构号全力做好自己领域内的政策发布、权威解读。

专业媒体与其他政府、企业所办的机构媒体有一个很大区别，就在于它的内容品质，权威可信、客观严谨，且不乏有思想、有深度的内容，如今通过南方号，一下子让公众感受到充分的资讯能量，他们可以在这个信息的“大池子”里面各取所需，各有所得。

南方⁺：客观地说，生产内容并不是各级政务媒体的主业。对开放平台而言，如何进一步激发这些入驻机构的生产力呢？

张志安：这需要平台引导，让生产者拥有更明确的生产目标。南方号采取的是“全面撒网”和“重点捕捞”相结合的方式。所谓“全面撒网”，就是由平台制定一套生产规范，抛出一个话题，规定一种内容形态，举办一次活动，让机构在现有的框架内最大限度地进行创作生产。我注意到，“同题作文”就是南方号目前应用最为广泛的一种形式。针对不同主题和社会热点，平台方主动向机构号派题征稿，围绕某个话题，由各机构号根据自身特点和擅长领域进行生产创作，不限体裁、不限角度、不限形式。

如果说广撒网式的发动生产是对“量”的追求，那么，还应该通过“重点捕捞”的方式，去提升“质”。对那些生产能力强、内容质量好、合作意愿足的生产者，平台给予适当扶持，对这部分“尖子生”开小灶。目前南方号的编辑通过提前介入、沟通选题、提供思路、协助生产等做法，生产出优质内容，同时加大配套推广力度，比如制作推广海报、重点位置推荐、多平台分发等等。这样的做法，可以形成示范效应，带动更多的机构对标“尖子生”，出品更优质产品。

对平台来说，越来越多的入驻机构也会带来两个挑战：一是如何实现精准分发；二是如何做到快速审核。对前一个问题，我认为伴随平台的整体成长是可以得到解决的；后者涉及的是审核机制问题，如何又好又快过审，我认为应该建立分类化、差异化的把关机制，而不应该“一刀切”。可以根据不同账号性质加以区分，尝试智能化、自动化审核，对不安全的内容做狙击识别、过滤审查，对一些重点的时政类内容可以加多一道人工复核流程。

南方⁺：是否有必要通过活动运营去进一步强化呢？

张志安：纯粹的内容引导多少会令人产生疲态，适时通过组织一些更深层次的评选类、活动类项目，可以激发各个政务机构号的积极性与参与度，由此进一步提升平台的活跃度。2019年南方号曾经举办过一个“我们的湾区大文章”新媒体爆款大赛，一个月内收到了70多个政务号的近百份新媒体作品，点赞投票数达到10万+，就是一个值得总结和推广的案例。这样主题类活动运营，发挥了主流政务新媒体平台在敏锐捕捉重点题材、精准策划主题活动方面的优势，对于增强平台用户黏性、持续保持活跃度能起到积极的引领、推动作用。

在一些重大事件、重要活动期间，可以加大运营力度，比如疫情期间围绕防控主题的多波次运营互动，在泛珠三角区域合作与发展论坛期间加大矩阵传播力度等。在教育领域，可以跟一些校园入驻号策划联动话题传播。

南方⁺：作为平台方，是否有必要去帮助政务机构提升内容生产的质量呢？

张志安：媒体深度融合的关键就是理顺专业媒体与平台媒体的内在关系。如果两者是互补关系，媒体深度融合就具备推进的条件。平台为网络化社会连接起各个节点之间的关系链条，编织出一个矩形传播网络，以专业媒体为依托，结合数量庞大的机构媒体，构成滚动更新、即刻分发的新闻生产和信息流通体系的互联网产品。从这个角度来讲，平台是一种共享经济的载体，本质上把不同社群聚集连接在一起，来汇总和处理数据，也能够坚持追求更高品质的内容生产，从而有助于整个平台的运营发展。

回到刚才提的那个问题，的确，这些政务机构的内容生产者都不是专业新闻从业者，所生产的内容质量参差不齐，客观原因上是受限于其自身专业水平而力不从心。这种情况下，我觉得媒体平台是可以担起“孵化器”角色的，比如，对一些具备一定生产能力的政务机构，在二次包装、内容分发、栏目设置上给予适当扶持。媒体要更深刻地观察平台社会的运作逻辑、平台经济的运行规律以及平台媒体的发展趋势，让专业媒体与平台媒体协同发展。

南方+：目前，南方+客户端日均更新稿件数千条，量特别大，其中有采编队伍的原创稿件，也有各个机构号发布的稿件。所以很容易理解，不是所有的稿件都能轻松占到C位。您觉得，这会影响政务机构号的积极性吗？

张志安：的确，酒香也怕巷子深。我觉得可以从几个方面入手。

首先，是通过多渠道分发，提升内容流量。移动端内容产品，传播效果最直观的就是流量了。在这方面，南方号平台有着先天的优势，就是南方报业这个主流媒体资源。在南方号平台上生产的内容，只要足够优秀，就有在报业集团各个平台上亮相的可能。而作为广东省委、省政府权威移动发布平台，南方+客户端的引流能力也很强，通过首页重点呈现、地市频道推荐、弹窗推送、开屏展示、订阅推送等方式，都可以实现优质内容的多渠道抵达。南方号平台的外部推广渠道也在不断拓展。借助南方+客户端与学习强国广东学习平台以及其他第三方平台建立的供稿渠道，可以成功实现内容共享、相互推送。

南方号平台还有一个值得推荐的做法，就是有便捷的自荐通道。这个是通过“我要上首页”“我要上频道”“首发计划”等来实现的。这些计划推行以来，越来越多的机构号内容出现在南方+客户端首页、地市频道首页以及其他外部平台。

对机构来说，他们当然都希望能够有突出呈现、重点亮相的机会，但重点位置资源是有限的，如果能够把握好这个度，在管理政务号的过程中恰当发挥出“鲶鱼效应”，那对进一步优化南方号生态是很有帮助的。

另外，还可以通过机器信息摘编的方式进行，最便捷的就是智能摘编导语，并通过推荐算法做优选和分发，给到不同社群的人，感兴趣的话，点击后即可马上跳转到详细的链接页面去。

南方+：在政务机构号的培训方面，您有什么建议？

张志安：培训挺重要的。日常生产中的帮助提升是“润物细无声”，靠的是日积月累的潜移默化，阶段性地对入驻者进行干货输出，则是平台提供的额外“成长大礼包”。从2018年起，南方号推出“南方号交流营”活动，定期邀请行业大咖、资深媒体人、运营人、优秀南方号运营者，为政务小编提供全方位的新媒体技能培训，同时分享平台成就。建议接下来可以更多地引导开展影像视觉内容的生产，比如制作一些小而精的产品，更易于传播。

听说南方号运营中心为了进一步提升平台的整体活跃度和稿件质量，计划启动“南方号共育计划”，通过搭建专属于南方号的成长体系，辅以多样化奖励机制，帮助入驻单位快速成长，提升他们的新媒体信息发布和办事服务水平。对这一点，我还蛮期待的，“共育计划”赋予了入驻的政务机构号与平台结成融媒生态圈的归属感，“共育基金”又让能各个机构得到实实在在的收获，更具主动性和积极性与平台一起做好内容，做强内容。

2021年5月

（访谈整理人洪奕宜系南方日报时政新闻部副主任）

汤景泰：校媒合作，科学评估政务新媒体传播效果

□汤景泰（暨南大学新闻与传播学院副院长，教授，博士生导师）

在互联网、大数据、云计算等信息技术的驱动下，随着新媒体的普及化发展，我国各级党政机关积极探索治理创新，积极发展各类政务新媒体，在权威信息发布、政务服务提供、公民决策参与等方面进行了广泛的探索，对于提升政府透明度、构建良好的政民关系、提高政府公信力等方面，发挥了积极作用。但因为条件限制，不同地方、不同部门对于发展政务新媒体的重视程度还不一致，运营能力各不相同，传播效果也有很大差别。习近平总书记指出，随着形势发展，党的新闻舆论工作必须创新理念、内容、体裁、形式、方法，增强针对性和实效性。就是说，传播实效才是检验新闻舆论工作的最终标准。在这样的背景下，如何科学客观评估各类政务新媒体探索的效果，以评促建，帮助各类政务新媒体总结经验、发现问题，就不仅是政务新媒体发展中的关键，也成为新闻舆论工作中亟待解决的问题。

针对这个问题，暨南大学传播与国家治理研究院和南方⁺联合推出广东政务新媒体指数，运用大数据手段，通过多来源数据采集、多维度数据分析和多类型数据展示，对广东政务新媒体进行传播力评估和影响力排名，综合评价广东政务新媒体传播效果和传播能力，不仅有效促进广东政务新媒体的发展，而且有助于进一步提升广东新闻舆论工作的水平。

联合南方$^{+}$客户端共同发布“广东政务新媒体指数排行榜”，也是暨南大学与南方报业传媒集团深化战略合作，共同推动高水平大学建设的重要成果。南方$^{+}$客户端是南方报业传媒集团的官方新闻客户端，是广东省委、省政府的权威移动发布平台。特别是南方号，是广东权威自媒体分发和办事服务平台，汇聚了全省政务与服务精选订阅号，覆盖了各省直机关、21个地市及各个系统。引入南方号的权威数据，并利用南方报业传媒集团旗下各平台发布，可以有效提升广东政务新媒体指数的权威性和影响力。

传播与国家治理研究院是暨南大学依托新闻传播学优势学科设立的高端智库。研究院自成立以来，对接国家和省市发展战略，不断向“重大理论难题、重大现实挑战、重大社会关切”聚焦，针对一些重大思想、理论和现实问题，提出了具有辐射力和影响力的原创研究。研究院应新媒体迅速发展的趋势，利用自有的微博和微信数据，联合南方$^{+}$，推出广东政务新媒体指数，是抢占新媒体领域制度性话语权的关键一步，不仅能进一步巩固暨南大学新闻传播学科的优势地位，而且有助于切实提升其在全省各地市的影响力。

政务新媒体在世界范围内来看，都是一项新的探索。以广东政务新媒体指数的发布为契机，传播与国家治理研究院和南方$^{+}$通力合作，密切对接现实问题，通过协同创新产生了一系列高质量、高水平的研究成果，为推动媒体融合发展以及社会治理现代化作出了独特贡献。

2021年5月

（访谈整理人吴枫系南方$^{+}$客户端南方号运营中心产品经理）

代后记

区域新媒体平台的“一体化”打造
——以南方⁺为例

□郭全中

区域新媒体平台拥有的资源和本质既不同于央视频等全国性媒体平台，更不同于抖音、快手等巨型生态型媒体平台，这就要求其在遵循互联网规律的基础上，充分发挥自身的区域性资源优势和体制性优势来深耕本地市场。作为广东省区域新媒体平台的南方⁺的一体化思路取得了不错的效果，可以为其他的区域新媒体平台提供较多的经验借鉴。

区域新媒体平台发展的难点与误区

我国的区域性媒体很早就开始打造自身的新媒体平台，在PC互联网时代，区域性媒体基本上都建立了相应的区域性门户新闻网站，如广东省的南方网、上海市的东方网、北京市的千龙网等，并取得了一定的进展。到了移动互联网时代，区域性媒体也纷纷打造自身的移动新媒体平台，但是整体来说效果一般，其中的难点与误区集中于如下五个方面。

第一，观念上，“+互联网”而不是“互联网+”。长期以来，绝大多数区域性媒体一直把互联网等新媒介看成新的工具和手段，而并没有从社会操作系统角度思考互联网的作用，导致简单把内容拷贝到新媒介上，没有打造新的产品和服务，结果就是与用户连接失效。

第二，定位上，“新闻应用平台”而不是综合服务平台。在互联网把传统媒体的整体垄断和区域化垄断优势彻底打破之后，区域性媒体单纯依靠自身生产的新闻内容难以吸引一定规模的用户，难以再造基于互联网的商业模式与盈利模式。

第三，思路上，“村村点火、户户冒烟”而不是一体化。区域性媒体在打造新媒体平台时，由于内部利益难以有效协调，导致在没有构建统一的新媒体平台的前提下，每家子媒体都创办了为数不少的新媒体，使得本来就不充足的用户和内容资源极为分散，难以充分发挥互联网的梅特卡夫效应。

第四，流程上，“两张皮”而不是彻底融合。区域性媒体旗下既有传统媒体又有新媒体，二者的采编等流程存在本质性区别，但是由于路径依赖、利益、习惯等因素的影响导致难以按照互联网的要求来重构采编流程等，无法真正实现一体化的彻底融合。

第五，资源上，边缘化而不是主战场。在当下，党报、党刊、党台等在区域性媒体中居于主导地位，且掌控了大量的优质资源，如政策、资金、人才等，而新媒体平台作为短期内需要大量投入的单位，实质上处于缺钱、缺人、缺资源的边缘化地位。

南方$^+$的“一体化”路径

南方报业于2015年10月23日正式上线南方$^+$移动客户端。南方$^+$是南方报业传媒集团集全集团之力打造的区域新媒体平台，定位为广东省委、省政府权威信息发布平台，采取的是一体化思路。

定位为综合服务平台

南方+把自身定位为广东省委、省政府权威信息发布平台，其本质是综合服务平台，这样能够更好地发挥南方报业的体制性优势来获取各方资源。

第一，南方+以南方报业的优质内容服务为根本。自上线之日起，就认准自身定位，充分发挥南方报业的内容生产优势和资源整合能力，对内兼容了南方报业旗下媒体的内容发布，包括南方日报、南方杂志、南方网、南方农村报、南方周末、南方都市报、南方人物周刊、南都周刊等的优质内容。

第二，南方+积极整合外部政务信息。为了更好地服务群众，充分利用自身的体制性优势，在整合集团内部优质内容资源的基础上大力整合全省政务新媒体及机构新媒体，构建南方号平台并主动运营，把握省内重大新闻及重要资讯在移动端的首发权，牢牢占据广东省委、省政府在移动互联网领域的第一权威发布平台位置。

第三，与各地市深度合作，拓展政务服务能力。南方+依托南方日报社和南方报业，与广东省级及市级党政机关有着长期合作的良好关系，通过深挖智慧政务资源来不断提升政务服务能力；设立21个城市频道、超过300个共建频道。

第四，大力引进各类南方号。区域新媒体平台要打造良性互动的生态系统，需要满足多层次用户的多样化需求，这就需要引入各类PGC、UGC内容来更好地满足不同用户的需求，南方+注重平台生态的打造，以政务号为重点不断引入各类南方号，目前南方号入驻量已经超过6000家。

第五，不断延伸服务领域和半径。通过构建起“新闻+政务服务商务”服务体系，以新闻传媒为核心，融合党建服务、政务服务、文创服务、数据服务、交易服务、城市服务、智慧生活的业务结构和服务功能。

为满足疫情防控常态化的需求，上线“在+上课”“在+看展”“在+咨询”“在+招聘”等“在+”系列服务功能，让南方⁺的服务能力上了新台阶。其中，2020年2月7日起上线的“在+上课”频道，一个月内总点击量超1.2亿，成为广东师生疫情期间上课的主渠道之一。

第六，打造相对丰富的产品矩阵。南方⁺目前已建成集App、手机站、小程序、数字报、“两微”于一体的移动产品矩阵，深度覆盖多个业务场景，并致力于在多场景之间形成发展闭环。

南方⁺一体化发展的具体路径

南方⁺通过创造性地采取“三个一体化”转型升级路径，充分利用了南方日报良好的运营状况以及能够获得的各种体制性资源，探索出了一条区域新媒体平台的可行路径。所谓“三个一体化”，即内容一体化生产、技术一体化支撑、经营一体化统筹的转型路径稳步推进，最大程度地集约资源。目前，承担南方⁺日常建设运营职责、发挥运作主体作用的南方⁺客户端事业部，仅有5个内部机构、130多名专职人员。而在事业部背后，是整个南方日报以至集团各媒体的人员，南方报业各媒体的记者为南方⁺客户端提供了大部分的新闻内容和产品，经营业务则全部由南方日报经营部门负责。

第一，内容一体化生产。一是南方⁺客户端在战略上坚定内容主业不动摇，大力推动南方日报、南方网深度融合，将南方日报采编部门打造为全媒体采编部门，推动全体采编人员向全媒体转型。由南方日报各地方机构统一运营《南方日报》各地观察版和视窗版、南方网地方频道和南方⁺客户端的共建频道；成立报网端融合运营委员会、南方⁺客户端编委会，强化报网端一体化决策联动，加快“主力军挺进主阵地”。随着内容生产的一体化，媒体融合进程不断深化，一体化效能进一步放大，更多新价值不断被挖掘。新闻直播，成为人人可看、随时可看、参与性强的便捷工具。南方号的深度运营，成为广东规模最大、覆盖最广的政务新媒体聚合平台。更具移动互联网传播特质的产品呈爆发式增长，采编人员主动生产爆款的能力越来越强，催化出一批优质的融媒体栏目。

第二，技术一体化支撑。近年来，南方报业对信息技术高度重视，积极创新体制机制，加大资金资源投入，做强自有技术平台，全面提高技术人才比重，培育工程师文化，走出了一条自主可控的技术驱动发展之路，赋能传播力提升；以业务为核心纽带，促进技术团队之间的集合、产品技术团队与内容采编团队之间的集合、技术系统和技术资源之间的集合。建设了南方号、南方拍客报料、记者帮等内容开放生产平台，搭建了南方+移动直播平台、南方+短视频生态、推出智能语音播报听新闻等功能，推出了基于南方党媒算法的智能推荐，着重从提升内容生产效能、提高内容分发效率及精细化运营赋能三方面提供技术一体化支撑。目前，南方+客户端事业部130多名专职员工中，负责技术和产品研发的占55人，技术投入和技术人员薪酬占南方+总成本的50%。技术不再仅仅是内容背后的配角，而是真真切切走到了新闻生产前线。

第三，经营一体化统筹。南方+客户端上线后，南方日报提出“此长彼长、此优彼优”及“转型不转移”的一体化经营思路，由南方日报经营团队全面对接南方+客户端，承担南方日报广告经营工作的同时，全权代理南方+客户端广告经营，成为移动端的“自营团队”，实现“你就是我，我就是你”的融合目标。近年来，虽然国内报刊广告经营持续下探，但南方日报全媒体主要经营指标却连年看涨，报纸广告保持高位运行，新媒体营收快速增长，报网端经营总收入突破10亿元大关。

南方⁺的“一体化”升级路径具有很强的复制推广价值

当下绝大多数传统媒体的互联网升级转型定位不清晰且缺乏针对性的路径，导致整体转型升级效果不佳，而核心问题是体制机制不顺、缺乏有效的升级路径，而南方⁺一体化路径则可复制，有很强的借鉴价值。

表1　南方⁺2016—2021年运营情况表

年份	南方⁺下载量	南方号入驻数	经营收入	净利润
2016年	1000万	1000家	1000万	/
2017年	3000万	3000家	3000万	/
2018年	5000万	5000家	1.2亿	/
2019年	6000万	6000家	2.1亿	/
2020年	7000万	7000家	2.66亿	约1.1亿
2021年6月	7500万	/	/	/

根据南方⁺提供资料整理

南方⁺客户端作为南方报业传媒集团和南方日报社的新媒体平台，与其他区域性主流媒体打造的新媒体平台面临同样的环境，其一体化路径对于区域性媒体有很强的借鉴价值和意义。

第一，定位为综合服务平台。以新闻舆论引导服务为核心，以各类政务服务为拓展，以各式各样的市民服务为主体，这种综合服务平台的定位类似于互联网巨型平台的生态系统化运营，但核心是深耕本地区域市场，做好各种各样的服务，为本地用户提供高质量的用户体验。

第二，充分利用制度化优势。区域主流媒体尤其是党报在当地拥有独特的政治地位，这种制度化优势带来信息发布权、大数据资源、资金支持等稀缺资源，能够有力地助力区域新媒体平台打造，是决定其能否打造成功的关键前提条件。

第三，一体化具体路径。虽然当下绝大多数传统媒体已经深陷运营困境，但是采取一体化的升级路径可以较好地利用党报的现有资源和优势，打破和重新平衡既有利益格局。

（发表于《新闻与写作》2021年第9期，作者郭全中系中央民族大学新闻与传播学院高级经济师、副教授）